La esposa de Caín no era ni su hermana ni su pariente

Una verdad incómoda que no debes perderte.

Jean Robert Revolus

Jean Robert Revolus

CONTENTS

LA ESPOSA DE CAÍN NO ERA NI SU HERMANA NI SU PARIENTE

UNA VERDAD INCÓMODA QUE NO DEBES PERDERTE.

VOLUMEN I

DEDICACIÓN

POR FAVOR RECONOZCAN EL papel de mi ***Dios, El Santo***, quien me inspiró con tanta información excelente para transmitir esta verdad incómoda a todos.

El libro está dedicado a todos los interesados en aprender acerca de la revelación acerca de la mujer que vivió en el Este del Edén y luego se casó con Caín. Por lo tanto, la verdad ciertamente ha sido revelada. El libro está dividido en dos volúmenes.

Quisiera expresar mi más sincero agradecimiento a Max Pierre y Evens Paul por apoyar mi idea e inspirarme para desarrollar esta novela, aunque no estaban totalmente de acuerdo con los conceptos. Estoy encantado de agradecer al Psicólogo Denet Alexandre, Dr. Daniel Allonce, Frantz Celestin, Jhonny Jean y su esposa Junie C. Jean, Ebby Chery, Yolaine Prophete Jean, Marie Florence Aupont y a todos mis amigos que han creído y entienden el valor de mi trabajo como escritor con una mente curiosa, Además, "***La esposa de Caín no era ni su hermana ni pariente***" es una dedicatoria a todos aquellos que me apasionan. Algunos de los nombres más conocidos en el campo son Mi Madre: Isemelia Jean-Charles, mi esposa, mis hijos y mi hermoso hijo Rochard Arsher Revolus, a quien volveré a ver después de pasar solo ocho meses conmigo. Y también deseo agradecer a todos mis hermanos, hermanas, primos, familia, incluidos aquellos que planean apoyarme con la compra de este libro.

RECONOCIMIENTO

GRACIAS A TODOS AQUELLOS cuyo tiempo y experiencia han contribuido a hacer posible este volumen. Me complace anunciar que no lo completamos sin su ayuda. Aquellos que compartieron su experiencia, conocimientos y experiencia para completar este proyecto no habrían podido lograrlo sin su ayuda. Me gustaría aprovechar esta oportunidad para agradecer a todos los lectores por tomarse el tiempo para leer este libro. Será un placer hacerles llegar nuestro más sincero agradecimiento. Aprecio mucho su diligencia en completar esta tarea. Hay varias ventajas asociadas con la ciencia y la religión, pero los beneficios de estas dos disciplinas no deben interpretarse como una negación de sus beneficios. Además, no niega la existencia de la esposa de Caín, la creación del universo y la edad del primer ser humano. Independientemente de cómo nos sintamos o lo que creamos, podemos tener un impacto positivo en nuestro entorno y en todas las personas con las que entramos en contacto regularmente.

CONTENIDO

SOBRE EL AUTOR

JEAN ROBERT REVOLUS ES digno de admiración por sus notables logros que son poco menos que extraordinarios. Como cristiano devoto, esposo devoto y padre dedicado y entusiasta de cuatro hijos, dice que Dios está al frente y en el centro de su vida. Jean Robert Revolus obtuvo una licenciatura en Negocios con énfasis en Tecnología de la Información de la Universidad Técnica de Colorado.

Además de su amplia variedad de experiencias, Jean Robert es una persona completa. Combina hábilmente el sentido común y la lógica para navegar a través de los campos de la ciencia, la religión, la filosofía y el psicoanálisis. A lo largo de su carrera, Jean Robert se ha esforzado por establecerse como un autor creíble y un investigador distinguido.

Jean Robert Revolus, una persona versátil y emprendedora, fundó REVOLUS, LLC, una empresa especializada en marketing en redes sociales con traducción automática de idiomas para facilitar la comunicación global. Se desempeña como gerente principal de proyectos de la compañía. Todo esto lo intenta al tiempo que desarrolla con pasión su carrera como escritor profesional, labor que emprende con ilusión y constancia. Uno podría suponer que Jean Robert no tiene mucho tiempo para dedicar a otras actividades además de su trabajo. En realidad, nada podría estar más lejos de la verdad. Sus pasatiempos son ilimitados. Incluyen canto, escritura creativa y actuación.

Mi humilde opinión es que Jean Robert Revolus posee algunos talentos impresionantes; si continúa por este camino, será una fuerza a tener en cuenta en el futuro. Además de su prolífico estilo de escritura, posee un estilo único que lo convertirá en una figura pública distinguida de su tiempo. La Esposa de Caín no era ni su Hermana ni su Pariente; La igualdad de la mujer y la legitimidad de las elecciones presidenciales de 2016 se encuentran entre sus escritos publicados.

PREFACIO

HA SIDO NUESTRA NATURALEZA como seres humanos ser curiosos desde el nacimiento, ansiosos por aprender y obtener una comprensión integral de todo. Puede haber diferencias en nuestros estilos de ropa y preferencias alimenticias, pero hay algunas cosas que todos compartimos en común. En nuestras mentes, esta es la pregunta que todos nos hacemos con respecto a la creación del universo. Como resultado de nuestro deseo de descubrir cuándo y cómo comenzaron las cosas, también tenemos curiosidad sobre el momento exacto de la historia en que comenzó todo. ¿No sería interesante para todos nosotros entender cómo funciona el mundo desde la perspectiva de la ciencia, la religión, las emociones y la espiritualidad?

En consecuencia, se puede concluir que las preguntas tienen el poder de empujar a alguien a trabajar diligentemente para encontrar una respuesta. Hubo una pregunta que hizo Stephen Hawking; quería saber la teoría de todo y saber hasta dónde había llegado con esta pequeña pregunta.

Estas son las preguntas que nos unen. En YouTube, encontrará miles de videos sobre el trabajo de Yuval Noah Harari y David Eagleman, dos de los expertos más importantes del mundo en sus respectivos campos. Todos hemos revisado y calificado muchos libros diferentes sobre los orígenes humanos y la teoría del Big Bang, razón por la cual hay tantos libros disponibles.

Como seres humanos, estamos enredados en varias cadenas, incluidas las relaciones culturales, religiosas, sociales e incluso personales. Nuestro sistema de creencias se basa en aquellas cosas que pueden ser satisfechas por estas cadenas. En la creencia de muchas religiones, Adán y Eva fueron los primeros humanos, y todos somos sus descendientes. Además, creemos firmemente en él, ya que se considera una de las escuelas de pensamiento más influyentes. Dado que es la fuente de nuestra capacidad de permanecer esperanzados y tenaces a pesar de los rechazos, es esencial para nuestra misión. Aparte de eso, la sociedad lo tiene en alta estima. En la vida humana, somos definidos por las personas que viven a nuestro alrededor y son parte de nuestra tribu. Debemos contar con el apoyo de los miembros de nuestra tribu durante los momentos difíciles. Esto se debe a que son ellos quienes nos ayudan y brindan apoyo emocional durante los momentos difíciles. Cuando todo esté dicho y hecho, ciertamente creeremos lo que digan sin importar lo que afirmen. Como cultura, consideramos a los ancianos como personas respetadas, incluidos sacerdotes, papas, padres, parientes ancianos y otros de edad similar. Su influencia juega un papel fundamental en el desarrollo de nuestra mentalidad. Muchos creen que están diciendo la verdad si dicen que el día es la noche sin investigarlo.

Además, también vale la pena señalar que existe otra escuela de pensamiento, la escuela de la ciencia. La religión y esta escuela de pensamiento están frecuentemente en desacuerdo y en conflicto directo. Según este argumento, Adán y Eva no pueden ser los únicos responsables de la gran diversidad genética que prevalece en nuestro mundo actual. Los científicos y genetistas creen que debemos haber recibido información genética de otras personas además de la pareja religiosa.

Cuando los líderes religiosos de los primeros días del cristianismo, muy conscientes de los hallazgos científicos, comenzaron a disputar algunos versículos y a hacer preguntas sobre la esposa de Caín, estos enfrentamientos se generalizaron. La gente empezó a cambiar de opinión. Siguiendo la Biblia, se casó con una mujer de otra tribu. Una generación más joven de sacerdotes e investigadores pregunta, ¿a qué tribu pertenece la otra tribu? ¿Se puede considerar que tienen una relación con Adán? ¿Las otras tribus no creen en la afirmación más antigua de que Adán y Eva fueron los primeros humanos? Si es así, esto significa que la esposa de Caín debe ser su sobrina o pariente. En ese escenario, ¿rechazarían la afirmación más antigua de que Adán y Eva fueron los primeros humanos?

Debido a nuestra falta de conciencia y pasión por encontrar respuestas, hemos generado varias preguntas. Este libro busca responder algunas usando trabajos de investigación, versos y experiencias personales.

1

INTRODUCCIÓN

LA MAYORÍA DE LAS religiones están de acuerdo en que Adán fue el primer ser humano en existir y Eva fue el segundo, a pesar de que la ciencia impulsa la evolución. En una sala de musulmanes, cristianos y judíos, una de las primeras cosas en las que presumiblemente todos estarían de acuerdo por unanimidad sería cómo surgió la vida. Es posible y razonable concluir que aún habrá varias narraciones diferentes sobre las motivaciones de Dios y el resultado de todo después de Adán y Eva. La cronología de los eventos que ocurrieron durante la primera creación a menudo es contradictoria solo en el cristianismo, y usted puede estar confundido acerca de si puede aceptar las narraciones populares. Hubo una interpretación en particular que encontré difícil de comprender. Involucró a Caín casándose con una de sus hermanas o sobrinas mientras estuvo en el exilio durante gran parte de su vida adulta.

A lo largo de los años, me ha intrigado cada vez más la expansión de la población mundial y las complejidades del incesto en los primeros días de la civilización. Dado que los hijos de Adán son responsables de mantener la raza humana, aún queda mucho por aprender sobre su relación. Aun así, el mero hecho de que solo había tres hombres en el Jardín del Edén complica la logística de la raza humana. Dado que Adán fue creado como adulto mientras que Caín y Abel nacieron muertos, cronológicamente hablando, Caín era solo unos años más joven que su padre, dependiendo del momento exacto en que Dios quiso traerlo al mundo.

Cuando era un niño, antes de convertirse en un adolescente astuto, asesinó a su hermano. Esa fue la razón por la que sería exiliado de su propia casa. Después de eso, Adán fue el único que vivió en el Jardín del Edén hasta 130 años después, cuando nació su hijo Set. Por lo tanto, no es irrazonable que Adam cuestione su decisión de por qué decidió retrasar tanto tiempo la paternidad de su tercer hijo. ¿No sería más apropiado preguntar si ha habido hijas, cuántas antes del destierro y cuántas antes de que naciera Set? Además, si Caín estuviera en el exilio, ¿cómo podría casarse con una de sus hermanas? Con la muerte de su hermano Abel y el nacimiento de Set poco después, Caín no habría podido casarse con una sobrina de su hermano.

He pasado muchos años buscando respuestas a estas preguntas. Ahora que he llegado a una conclusión, tenía sentido documentarlo por escrito para beneficio de los demás. El camino para encontrar la verdad inicialmente parecía largo y sinuoso porque estaba tratando de desafiar algo que había sido aceptado como la única verdad. Al presentar solo hechos y lógica, pude lograr esto.

Cualquier resistencia que pude haber encontrado durante este viaje fue bien merecida y justificada. No obstante, estoy seguro de que he presentado un argumento muy convincente sobre lo que creo que es la verdad absoluta sobre el matrimonio de Caín. Las áreas de estudio que empleé para descubrir los hechos relacionados con el matrimonio de Caín fueron amplias y extensas, pero los versículos de la Biblia permanecieron en el centro de todo lo que mencioné.

Naturalmente, mi primera tarea fue familiarizarme con los versículos de la Biblia sobre la creación de Adán. En mis primeros años como cristiano, descubrí que cada nombre en la Biblia tiene una historia y una profundidad que no son visibles para el lector cristiano casual. Es imposible comprender la enormidad de lo que implican sin considerar las interpretaciones. Durante mi investigación, descubrí que Adán significa literalmente "hombre" o "tierra roja", lo que corresponde a su condición de individuo. El Señor creó a Adán (el hombre en general) a su imagen, dándole así el control sobre el mundo, los mares y todas las criaturas que vagaban por ambas extensiones. Este dominio sobre la Tierra iba acompañado de la exigencia de que se multiplicaran. Esto enfatiza la importancia de la procreación para los primeros hombres y mujeres.

Entonces dijo Dios: "*Hagamos al hombre a nuestra imagen, conforme a nuestra semejanza; y señoree en los peces del mar, en las aves del cielo, en las bestias, en toda la tierra y en todo animal que se arrastra sobre la tierra."* **— Génesis 1:26**

"Entonces los bendijo Dios, y les dijo Dios: Fructificad y multiplicaos; llenad la tierra y sojuzgadla; y señoread en los peces del mar, en las aves del cielo, y en todas las bestias que se mueven sobre la tierra." **— Génesis 1:28**

Nadie puede negar que, en los primeros días de la existencia humana, el propósito principal de hombres y mujeres era procrear, razón por la cual incluso el incesto era permisible. Siguiendo ese razonamiento lógico, a muchas personas no les parece extraño decir que Caín se casó con su hermana o sobrina. La afirmación tiene sentido solo cuando no se tienen en cuenta las muchas disparidades reflejadas en la narración. Adán fue el único hombre que quedó en el Jardín del Edén un par de décadas después de su existencia, por lo que no había forma de que Caín se casara con su sobrina.

Cuando Eva dio a luz a Caín, su gratitud fue inmensa ya que era su primer hijo. Ella lo nombró por la idea de ser valioso, por lo que su nombre significa "posesión".

"*Conoció Adán a Eva, su mujer, y ella concibió y dio a luz a Caín, y dijo: 'He adquirido un varón del Señor.'*" — **Génesis 4:1**

En la mayoría de los casos, cuando las personas discuten la continuación de la raza humana a través de Adán, las mujeres no hacen el corte en la narración. Pero aquí, mientras investigamos el asunto del matrimonio de Caín, no podemos descartar la posibilidad de que Eva comience otro linaje. Sin embargo, Adán fue el único hombre que vivió en el Jardín del Edén durante 130 años que tuvo un tercer hijo, lo que indica que la noción no tiene sentido.

Contrariamente a la creencia popular, el nombre de Abel significa "respiración", aunque no tuvo mucho tiempo ni oportunidad de respirar, cortesía de su hermano.

“*Entonces dio a luz otra vez, esta vez a su hermano Abel. Ahora bien, Abel era pastor de ovejas, pero Caín era labrador de la tierra*”. — **Génesis 4:2**

La reacción de Caín al cometer un crimen tan grave como el asesinato se explica por la famosa expresión: "¿Soy yo el guardián de mi hermano?" El comportamiento de Caín proporciona una explicación de su actitud hacia el pecado. Tenemos varios versículos en la Biblia que eliminan la posibilidad de que la esposa de Caín pudiera ser su sobrina o hermana. Como resultado del asesinato, Caín fue exiliado del Edén. Después de dejar Edén, emigró a otras partes del mundo. En el momento del exilio de Adán y Eva, Adán y Eva no tenían otros hijos, y Set nació después de las andanzas de Caín por menos de un siglo.

Al final, Adán y su esposa pudieron tener un hijo y lo llamaron set. "*Porque Dios me ha puesto otra simiente en lugar de Abel, a quien mató Caín*". — **Génesis 4:25**

Y de Set, la generación de Adán continuó:

"*Y en cuanto a Set, también le nació un hijo; y lo llamó Enós. Entonces los hombres*

comenzaron a invocar el nombre del Señor".
— Génesis 4:26

Probablemente Dios les dio a Adán y Eva suficiente tiempo para lidiar con su dolor antes de permitirles tener otro hijo. Parece que perdieron a dos de sus hijos en un solo día, pero esto es solo una especulación de mi parte. Aunque el nombre de Seth significa "compensación", es justo sugerir que esta explicación podría ser legítima.

A lo largo de este libro, he explorado más a fondo estas especulaciones y creencias. Estoy razonablemente seguro de que lo que he encontrado tiene más sentido que lo que la mayoría cree en este momento. En este libro, tengo la intención de explicar y probar que la esposa de Caín no era ni su hermana ni un pariente, sino alguien completamente diferente.

Lea este libro si está interesado en saber quién y por qué, ya que tengo una multitud de revelaciones para compartir con usted.

2

ADÁN Y EVA

LA SUPOSICIÓN DE QUE Adán y Eva se han convertido en sinónimos de la discusión sobre la humanidad en general desde los albores de la civilización se ha vuelto axiomática. Si bien no hay muchas cosas en las que las religiones brahmánicas estén de acuerdo, hay una cosa en la que todas están de acuerdo: Adán y Eva fueron los primeros seres humanos: hombre y mujer. En la era actual de la ciencia y la tecnología, que ha permitido un crecimiento sin precedentes y un crecimiento exponencial, existe un gran escepticismo acerca de las doctrinas religiosas. La situación se agrava ya que se refiere a una pregunta pertinente, planteando así una preocupación válida y relevante al contexto. *"¿Adán y Eva fueron realmente los primeros seres humanos?"*

En Génesis 2:7 está escrito: "*Jehová Dios formó al hombre del polvo de la tierra, y sopló en su nariz aliento de vida, y fue el hombre un alma viviente*". Este hombre era, por supuesto, Adán. Eva fue creada más tarde a partir de una de las costillas de Adán. Según la mayoría de las principales creencias científicas, el hombre no fue creado, sino que, de hecho, fue el resultado de la evolución. Desde un antepasado prehistórico del chimpancé, llamado Australopithecus, hasta el Homo Habilis, el Homo

Erectus, el Homo Neanderthalensis y, finalmente, el Homo Sapiens Sapiens: la humanidad de hoy.

Los científicos creen que el llamado "eslabón perdido", la brecha que hizo que el Homo Neanderthalensis "evolucionara" en el Homo Sapiens Sapiens, nunca se ha probado. Es irónico imaginar que el linaje humano fue 'descifrado' hace varios millones de años, pero el elemento crucial (Neanderthals to Sapiens) nunca fue identificado. Recuerde que estos supuestos ancestros humanos no fueron los primeros de su especie, pero tampoco fueron los únicos en la tierra. Se estima que hay al menos cien especies y subespecies más de primates en el planeta, pero ninguna de ellas se compara con lo que afirma la evolución. No lo recomendaría para primates ni para ningún otro animal en general. Según su perspectiva, la evolución ocurre para cada organismo vivo durante varios miles de años. Por lo tanto, ¿no deberían todos los primates haber "evolucionado" en algo un poco más sofisticado si esto fuera cierto? Aprovechando el beneficio de la duda, ¿no sería apropiado suponer que al menos una especie más de primate sería lo suficientemente inteligente como para, al menos, usar herramientas y tener algún nivel de conciencia?

Aquí es donde entra en juego el concepto de "Pre-Adamitas". No se puede negar que estos primates prehistóricos existieron hace cientos de miles de años en nuestro planeta; hay suficiente evidencia fósil para reafirmar esta suposición. Sin embargo, no tienen correlación con Adán y Eva. Con toda la evidencia proporcionada por la ciencia, uno tiende a pensar: *"¿Adán y Eva fueron reales?"*

Se hace una distinción significativa entre las dos perspectivas sobre la narrativa de la creación en el Libro del Génesis de la Biblia hebrea. Primero, Adán y Eva no se mencionan explícitamente; se da a entender que Dios había creado al hombre como "portador de la imagen de Dios". Fueron instruidos para multiplicarse y ser mayordomos sobre el resto de sus creaciones. Alternativamente, es posible leer una versión de la historia que dice que a Adán se le permitió comer todo excepto el Árbol del Conocimiento. Esta es la versión convencional de la historia, que es la versión que ha ganado más popularidad. Eva fue creada a partir de una de las costillas de Adán y, finalmente, se convirtió en víctima de una serpiente, que la engañó para que comiera del árbol prohibido. A pesar de obtener conocimientos adicionales, se ven obligados a renunciar al lujo de residir en el Jardín del Edén por este conocimiento adicional.

Adán y Su Genealogía

Está registrado en el Libro del Génesis que los hijos de Adán, Caín, Abel y Set, fueron todos mencionados. Entre las ocupaciones de Caín estaba la agricultura, mientras que Abel era pastor. Ambos hicieron sacrificios a Dios, pero Dios eligió favorecer el sacrificio de Abel sobre el de Caín, lo que provocó que Caín asesinara a su hermano. La primera reacción de Caín en respuesta a la pregunta de Dios acerca de Abel fue: "*No sé, ¿soy yo el guardián de mi hermano?*" (Génesis 4:9). Como castigo por su crimen, Caín se ve obligado a vagar y finalmente llega a la ciudad de Nod, donde se casó y tuvo un hijo. Lo curioso es que no se menciona dónde se originó la esposa de Caín, ni se menciona la eventual muerte de Caín (esto se discutirá con más detalle en los próximos capítulos).

Nuestro linaje genético en su mayoría debería descender de un individuo en particular si Adán fue el primer ser humano. Un análisis del genoma humano ofrece pistas significativas sobre nuestra antigua ascendencia. "Cheddar Man" es uno de los excelentes ejemplos de este fenómeno, ya que se obtuvo ADN de un esqueleto de casi 9000 años y se descubrió que pertenecía a un descendiente que vivía en la misma región. Esta investigación demostró una continuidad genética que duró nueve milenios. La explicación de esto se puede encontrar en el análisis del ADN mitocondrial. Como la "central eléctrica de la célula", ocupa una ubicación fuera del núcleo, lo que ayuda a que permanezca sin cambios a medida que el ADN cambia debido al envejecimiento. Es posible secuenciar el genoma mitocondrial de cada individuo. Sin embargo, el proceso solo puede realizarse en circunstancias ideales. El daño por radiación y los errores en la duplicación del ADN han causado que las mitocondrias sufran cambios sustanciales durante milenios.

Vale la pena señalar que el cromosoma "Y", que hace a los hombres, está disminuyendo. Por lo tanto, se seleccionaron mitocondrias de mujeres para el estudio. Según una investigación realizada por el Dr. Douglas C. Wallas y sus colegas de la Facultad de Medicina de la Universidad de Atlanta, Georgia, se descubrió que casi todos los nativos americanos tenían un conjunto particular de mitocondrias. Los llamaron A, B, C y D. Mientras que los europeos tenían H, I, J, K y T, U, V, W y X. La "división" entre las ramas del árbol genealógico europeo sugiere que los humanos modernos llegaron a Europa hace unos 35.000 años. Esto también coincide con varios hallazgos arqueológicos.

Asia consta del linaje M, que se ramifica en E, F y G, así como en A, B, C y D. En África, solo hay un linaje principal, conocido como L, que se subdivide en varios segmentos Como resultado, L3 se considera la rama más joven de la especie y prevalece entre los africanos orientales. También se cree que es el origen de la ascendencia asiática y europea.

En los siguientes capítulos, consideraremos cómo todo eso se vuelve relevante y cómo concuerda con las enseñanzas bíblicas.

3

LA EXISTENCIA DE ADÁN Y EVA

ES AMPLIAMENTE ACEPTADO QUE Adán y Eva fueron las primeras criaturas del planeta en caminar sobre la tierra por todas las religiones principales. Discutimos brevemente en el capítulo anterior que Caín tenía una esposa y construyó la ciudad de Enoc. Sin embargo, ¿de dónde vino esta esposa? Por lo tanto, uno podría preguntarse si Adán fue el primer ser creado o si fue una imagen "ideal" de la humanidad considerada apropiada por Dios.

El Comienzo del Universo

La creencia unificada sobre cómo surgió el universo se basa en la teoría del Big Bang. Casi todos los científicos lo creen, y nuestra comprensión actual de la física y la astrofísica se basa en este concepto. Ilustra cómo el universo era una singularidad: un único punto en el espacio-tiempo con masa concentrada acumulada en un solo lugar. Luego "explotó". Después de esta expansión inicial, surgió un "Big Bang". Posteriormente, el universo se enfrió, lo que permitió el desarrollo de partículas subatómicas y, en última instancia, de moléculas. Estos se crearon en nubes masivas de hidrógeno, helio y litio, combinados a través de la gravedad, creando los primeros ejemplos de las primeras estrellas y planetas que ensucian nuestro cielo nocturno.

También es interesante notar que los científicos informaron una observación sobre el efecto de la "materia oscura" que no es fácil de precisar pero que creen que ayudará a proporcionar respuestas a muchos de los misterios del universo. Una cantidad abrumadora del potencial gravitatorio del universo se puede encontrar en formas como estas. Esta no es una propiedad de la materia bar iónica, como los átomos estándar. El concepto de un universo en expansión que se remonta a una singularidad se puede observar visualmente si se mira desde atrás. El ejemplo anterior es un ejemplo clásico del fenómeno trazado en 1927 por Georges Lemaitre. La teoría de Lemaitre recibió más apoyo del análisis de Hubble de los desplazamientos al rojo galácticos.

Enseñanzas Bíblicas

En Génesis, la Biblia dice: "*En el principio, Dios creó los cielos y la tierra*". Este extracto contiene muchas complejidades que vale la pena mencionar. Según la ecuación, "el principio" representa el tiempo, "los cielos" representan el espacio y "la Tierra" representa la materia: tiempo, espacio y materia. Desafortunadamente, no podemos determinar cuándo tuvo lugar exactamente el comienzo. ¿Podemos decir que fue hace 10.000 años? ¿Podría haber sido hace 10 millones de años? ¿Qué tal hace mil millones de años? Según la mayoría de las principales religiones cristianas, la edad de la tierra se atribuye a tan solo 7000 años, lo que simplemente no es posible, como lo demuestra la ciencia. Para comprender el concepto de "en el principio", uno debe comprender cómo y cuándo comenzó.

El segundo versículo de Génesis continúa desde el primero, o parecía: "*Y la tierra estaba desordenada y vacía, y las tinieblas estaban sobre la faz del abismo. Y el Espíritu de Dios se movía sobre la faz de las aguas*". Ver la creación de la tierra reiterada en ambos versículos invita a pensar: *"¿Había sido creada la tierra antes?"* o *"¿Hubo otra versión de la Tierra antes de que comenzara de nuevo?"*

En lo que a mí respecta, esta no es una idea tan radical que deba ser considerada. Para aprender de Moisés, debemos examinar su interacción con Dios con respecto al pueblo de Israel, lo que llevó a Dios a destruirlos. Este tema también se ve en la historia de Lot sobre las ciudades de Sodoma y Gomorra. A lo largo de la historia, Dios ha exterminado a personas malvadas e incluso se ha aventurado a "reiniciar" a la humanidad con el Arca de Noé. Los versículos 2 y 3 sugieren que todas las criaturas anteriores, humanoides en particular, que estaban en la tierra en ese momento, habían sido heridos. El planeta había sido restaurado a su estado original.

Esto coincide con los hallazgos arqueológicos y científicos. Esa afirmación puede ser corroborada por huesos y fragmentos encontrados en áreas que datan de cientos de miles de años. Las pruebas genéticas también nos relacionan con estos primeros ancestros de algún tipo. Si uno fuera a disputar una afirmación científica, ¿por qué no todas? Hemos repasado la investigación sobre este tema, cómo incluso analizando muestras de ADN mitocondrial, si fuéramos a medir a Adán y Eva como los primeros ancestros de la humanidad, se desviaron de la reunión por varios miles de años, viendo cómo se fechaba el cromosoma femenino. hace casi 140.000 años, mientras que el cromosoma "Y" masculino se remonta a aproximadamente 90.000.

Los versículos 3-8 de Génesis son de particular importancia con esto:

"*Y dijo Dios: Sea la luz: y fue la luz. Y vio Dios que la luz era buena; y separó Dios la luz de las tinieblas. Y llamó Dios a la luz Día, y a las tinieblas llamó Noche. Y fue la tarde y la mañana el primer día. Y dijo Dios: Haya expansión en medio de las aguas, y separe las aguas de las aguas. E hizo Dios la expansión, y separó las aguas que estaban debajo del firmamento de las aguas que estaban sobre el firmamento: y fue así. Y llamó Dios al firmamento Cielos. Y fue la tarde y la mañana el día segundo*".

El pasaje no menciona directamente que Dios "creó" la tierra, sino que implica que Él la "despertó". Ya sea que el planeta existiera o no sin una estrella, algo misterioso parece haberle sucedido a nuestro sistema solar en la versión anterior de la tierra. La estrella se convirtió en la fuente de luz de nuestro sistema solar. Posteriormente se nombraron los dos pasajes del tiempo, el día y la noche. A lo largo de los versículos, Dios se refiere a la creación de los firmamentos, pero aparentemente se omite la aparición del agua. La aparición de la luz indica que se lanzó algún tipo de estrella/galaxia/supernova. Además, la ausencia de referencia a la creación del agua significa que cualquier criatura que existiera anteriormente ya tenía acceso al agua.

En las últimas décadas, la ciencia ha confirmado que el agua es fundamental para la supervivencia de todos los organismos. Incluso ha habido especulaciones de que las explanadas que parecen tener agua pueden albergar formas de vida extraterrestres. Debido a que el agua no se mencionó en la creación del universo, se puede suponer que el agua estaba allí. El firmamento se comporta de manera similar a este respecto, guiándonos hacia el establecimiento de una atmósfera. La ciencia nos ha informado que existen varias capas de la atmósfera: Troposfera, Estratosfera, Mesosfera, Termosfera y Exosfera. Estos versículos se refieren a dos firmamentos separados, cada uno con agua "debajo del firmamento" y agua "sobre el firmamento". Hay varias cantidades de vapor de agua en cada una de estas categorías de la tierra. Dado que la luz desencadena la reacción responsable de producir humedad, el proceso solo podría haberse desarrollado con la creación de la luz.

Por lo tanto, es crucial recordar que Adán y Eva no fueron los "primeros" biológicos, ya que simplemente hay demasiadas inconsistencias y discrepancias para sugerir esto. Si hubieran sido los primeros seres humanos, Caín no habría tenido esposa ya que ella no existía. Además, se describe con más detalle en la Biblia en el versículo: "*Y Caín dijo al Señor:" Mi castigo es demasiado grande para soportarlo. Ahora que me has arrojado hoy de la tierra, debo esconderme de tu presencia, seré un vagabundo inquieto en la tierra, y cualquiera que me encuentre me matará.*" Considerando que Caín y Abel fueron los primeros hijos de Adán y Eva (Set nació más tarde), es relevante preguntar quién encontraría y mataría a Caín, el hijo primogénito de Adán y Eva. La declaración hace pensar que podría ser necesaria una mayor comprensión para dar sentido a las enseñanzas bíblicas. Hay muchas más observaciones matizadas en el Biblia que simples declaraciones en blanco y negro.

4

CAÍN Y ABEL

CAÍN Y ABEL SON los primeros hijos de Adán y Eva. Su historia es de profunda importancia bíblica y es una de las pocas historias que prevalecen en las religiones brahmánicas. Un hecho sorprendentemente menos conocido sobre Caín y Abel es que eran gemelos emparentados. "*Ahora, Adán conoció a su Eva, su esposa, y ella concibió y dio a luz a Caín; y nuevamente, ella dio a luz a su hermano Abel*". (Génesis)

No solo eran gemelos, sino que incluso sus nombres también tenían un significado. Los nombres Caín y Abel derivan de la Septuaginta griega, una traducción griega de más de 2000 años de la Biblia hebrea: Caín ***(▯▯ ▯qayin)*** y Abel ***(▯▯▯havel)***. La palabra "***Qayin***" significa literalmente adquirir algo. Esto explica por qué Eva dijo: "*He adquirido un hombre*" en Génesis 4:1. Por otro lado, la palabra Havel se traduce como vanidad o vanidad, algo carente de sustancia.

Sus nombres insinúan cómo es su carácter (como se describe en la Biblia) porque, en el idioma hebreo, una palabra (Shem) es una traducción literal del carácter de una persona. En esencia, Caín y Abel son representaciones casi literales de su propio carácter. Esto puede parecer algo contradictorio con lo que sabemos: *"¿No mató Caín a su hermano? ¿Cómo es que eso lo hace tener un carácter y Abel no?"* La razón es que el "carácter" que se le ha dado a Caín tiene anotaciones negativas.

Caín y Abel: una Breve Descripción

Caín fue el hijo primogénito de Adán y Eva. Trabajó como labrador de tierra. Se le ha descrito como un "hombre altivo y vengativo", conocido por desafiar incluso a Dios. Caín se describe en la Biblia como alguien que construye ciudades. Y es considerado como el antepasado de la construcción misma, además de la herrería (Génesis 4:17). Hay informes de que engendró muchos hijos y nietos, comenzando con Enoc y Lamec.

Sin embargo, su linaje terminaría después del Diluvio del Génesis. En las escrituras, se menciona que Caín adora la voluntad propia y se enfoca en sí mismo. Tenía resentimiento contra Dios (debido a Abel) y le mintió. Eventualmente asesina a Abel y es desterrado a deambular como un vagabundo.

Siguiendo la Biblia, Abel era un pastor. Se ha sugerido que es un guardián, pero en realidad es un pastor, ya que la palabra hebrea "***Ro'eh***" describe su profesión. Mientras que Caín, considerado un cultivador de tierra, ha sido mencionado como "***O'ved***". Esto prevalece en Génesis 3:23 cuando Adán fue expulsado del Jardín del Edén y se le dijo que fuera "***Avad***" (hasta) la tierra. Esta es la primera subdivisión de la humanidad basada en sus habilidades.

La profesión de Caín era la misma que la de su padre Adán.

Una costumbre muy frecuente observada en la cultura hebrea es que los hijos deben seguir los pasos de su padre en su profesión. Aunque ninguno de ellos era un hebreo nativo, aun así, formaron la base de la historia de la cultura hebrea tal como la conocemos hoy.

Génesis (4:2-7) describe claramente la relación entre Caín y Abel:

"*Después ella dio a luz a su hermano Abel. Ahora Abel cuidaba rebaños, y Caín labraba la tierra*" (4:2)

Anteriormente, dije que el énfasis estaba en la ocupación del individuo.

Como hijo primogénito, Caín adoptó la misma carrera que su padre, "Adán", mientras que su hermano Abel se convirtió en pastor.

“*Pasado el tiempo, Caín trajo algunos frutos de la tierra como ofrenda al Señor*” (4:3)

Creo que estas profesiones se complementan positivamente. Como puedes imaginar, Caín tenía un jardín donde cultivaba cualquier hierba o fruta que deseara. Sin embargo, tenía muchas preferencias en cuanto a lo que plantaba.

"*Y Abel también trajo una ofrenda: porciones gordas de algunos de los primogénitos de su rebaño*". (4:4)

Inmediatamente, uno puede ver las marcadas diferencias no solo entre sus productos sino también entre sus personalidades. Como comparación entre Abel y Caín, Abel ofreció los animales más deseables de su rebaño al Señor. Esencialmente, la vanidad de Caín se demuestra por su selección de lo que presentó al Señor, a diferencia de Abel, quien dedicó solo sus ofrendas preferidas.

"*El Señor miró con agrado a Abel y su ofrenda*" (4:5)

Era natural que la ofrenda de Abel fuera aceptada ya que él era fiel a sus intenciones. El hecho de que favoreciera a Dios sobre sí mismo es lo que el Señor finalmente probó de los dos hermanos, un aspecto que Caín no se dio cuenta.

"*Entonces el Señor le dijo a Caín: '¿Por qué estás enojado? ¿Por qué estás abatido?*" (4:6)

El hecho de que el Señor tuviera que preguntarle a Caín: "*¿Por qué está abatido tu rostro?*" significa cuán vehementemente molesto estaba Caín. Esto sugiere problemas de ira y resentimiento, incluso si la persona en cuestión es su propio hermano.

"*Si haces lo correcto, ¿no serás aceptado? Pero si no haces lo correcto, el pecado está agazapado a tu puerta; desea tenerte, pero tú debes dominarlo*". (4:7)

Este es el punto de inflexión en la relación de Caín y Abel. Como una especie de premonición de Dios, Caín es instruido para hacer el bien y negar la falsedad. Sin embargo, como una premonición, le advierte a Caín que, si no lo hace, existe una probabilidad muy alta de que recurra al engaño. Sin embargo, a Caín se le enseña a perseverar y evitar que eso suceda en primer lugar, a luchar contra sus tentaciones.

Es especialmente notable el hecho de que Abel no esté sujeto a este "escrutinio" por parte de Dios, ya que no tiene estas características para examinar. El hombre es un trabajador honesto que puso los intereses de Dios sobre sí mismo y sus propias necesidades, asegurándose de que su sacrificio fuera uno de los más valiosos que podía dar. No hay necesidad de que Dios reciba ninguno de los sacrificios de Caín y Abel; en cambio, sirvieron como prueba y testimonio de su devoción a Él. La reacción de Caín también significa que fue el primer ser humano en albergar resentimiento o ira hacia otro, convirtiéndose finalmente en el primer individuo en cometer un asesinato.

5

SACRIFICIO

La ofrenda de Caín y Abel a Dios, que está registrada en las Escrituras, es quizás uno de los ejemplos más conocidos de sacrificio para Dios a lo largo de la historia. Solo hay un dilema: debemos responder a esta pregunta crucial. "¿Dónde se menciona en las Escrituras que se les pide a Abel y Caín que proporcionen un sacrificio? ¿Y mucho menos un sacrificio de sangre?

De la Biblia podemos deducir que Dios no aceptó el sacrificio de Caín, pero sí el de Abel. Como se explica en el siguiente pasaje:

"*Por la fe Abel ofreció a Dios mejor sacrificio que Caín. Por la fe fue encomendado como hombre justo, cuando Dios habló bien de sus ofrendas. Y por la fe todavía habla, aunque está muerto.*" (Hebreos 11:4).

Quiero aprovechar esta oportunidad para llamar su atención sobre la frase "mejor sacrificio". La actitud de Caín hacia la ofrenda no estaba relacionada con su actitud hacia la "ofrenda" (aunque no era una actitud respetuosa). En cuanto a la ofrenda de Abel (un sacrificio de sangre), ya sabemos que es una de las ofrendas más recomendadas. La Escritura no especifica qué tipo de sacrificio se requería, y no hay ninguna indicación en el texto de qué tipo de sacrificio se solicitó.

Aquellos entre ustedes que estén familiarizados con el estudio de la Biblia, quizás se pregunten qué tipo de evidencia se puede proporcionar para respaldar la afirmación de que Abel y Caín fueron obligados a hacer sacrificios de sangre. A la luz de la omnipresencia de la Ley, a Isaac, Abraham, Noé, Job y Jacob, entre muchos otros, se les puede hacer la misma pregunta (en diversos grados).

Varios eventos bíblicos, junto con otros sucesos, no se describen de manera adecuada o completa en las primeras Escrituras. No importa cuál sea el caso; se les enseña información adicional para llenar estos vacíos y prevenir la propagación de la herejía. La serpiente aparece en el Jardín del Edén como un ejemplo clásico de este concepto. La serpiente simbolizaba al diablo, pero ¿cómo podemos estar seguros de esto? Es interesante notar que esto no se menciona en ninguna parte de las Escrituras (Génesis 3). Esto es en 1 Crónicas 21:1 que encontramos la primera aparición de la palabra "Diablo" en la Biblia. A pesar de esto, seguimos perpetuando el mito de que la serpiente representa al diablo. ¿En qué manera? El significado de este evento se puede incorporar a todo el cuerpo de conocimiento derivado de la Biblia.

Génesis 4 no explica nada sobre los personajes de Abel, Caín o Dios (lo mismo ocurre con Noé, Isaac, Job, Jacob y Abraham). Cuando examinamos pasajes anteriores, podemos estar seguros de que estamos obteniendo una comprensión más completa del posible diálogo y los eventos que pueden haber ocurrido.

¿Fue un Sacrificio?

Algunos eruditos creen que Caín y Abel presentaron un regalo en lugar de una ofrenda de sangre. La palabra hebrea referida; to as minha se asocia con cereales y ofrendas que no incluyen sangre. La Biblia ha usado minha para sus ofrendas, lo que significa regalo. Sin embargo, la palabra minha se ha usado indistintamente en la Biblia. También hay casos en los que se reflejan sacrificios de sangre (p. ej., Salmo 141:2, Números 28:1-8).

En este caso, Caín y Abel brindan un ejemplo de un escenario que no se puede cuantificar en función de sus circunstancias. Esto es independientemente de si fue una ofrenda o un acto de sacrificio. Las versiones de la Biblia griega y hebrea contienen una mezcla de estas dos traducciones, lo que genera confusión. En el judaísmo, la sangre siempre ha sido un componente integral de todos los sacrificios judíos, incluso desde la época de Moisés. No debemos olvidar que la historia de Caín-Abel es una excepción a esta regla; por esa razón, no debe ser ignorado.

Ahora nos dirigimos hacia la pregunta eminente: *"¿Cómo sabemos que Dios les dijo a Caín y Abel que ofrecieran un sacrificio?"* La Biblia no tiene registro de una conversación entre los dos con Dios sobre esa pregunta. Sin embargo, sabemos que Dios se comunicó con ellos. Evidentemente, también era audible. *"...¿Por qué estás enojado? ¿Por qué tu rostro está abatido?"* (Génesis 4).

De esta manera, proporciona una fuerte evidencia de que Dios se comunicó con estos dos, y también con frecuencia. A pesar del poder de Dios, Caín no temió la voz de Dios. Hay evidencia de miedo y aprensión hacia los ángeles a lo largo de la Biblia, como sucedió con Zacarías y María.

También sabemos que Dios le había hablado a Caín antes, como lo evidencia la siguiente escritura:

"Si haces lo correcto, ¿no serás aceptado? Pero si no haces lo correcto, el pecado está agazapado a tu puerta; desea tenerte, pero tú debes dominarlo" (Génesis 4:7).

Debido a la pecaminosidad de Caín, Dios inmediatamente la reconoció y le permitió expiarla. Dado que ambos entienden que tendrían que ofrecer un sacrificio, los dos demuestran que están entablando una conversación entre ellos.

¿Qué es lo "Correcto"?

De hecho, a Caín y Abel se les ordenó hacer lo "correcto", pero Génesis no proporciona ninguna información con respecto a lo que implicaba esa cosa "correcta". Lo único de lo que estamos seguros es que Abel siguió el camino correcto. Por lo tanto, Dios esperaba que Caín siguiera la misma dirección:

"*Jehová miró con agrado a Abel y su ofrenda, pero a Caín y su ofrenda no miró con agrado*" (Génesis 4:5).

No solo esto, sino que más adelante se describe qué hizo exactamente Abel que se consideró "correcto":

"*Pero Abel trajo porciones gordas de algunos de los primogénitos de su rebaño*" (Génesis 4:4).

Este versículo por sí solo tiene mucho significado ya que cada segmento de la importancia de esta ofrenda se describe con más detalle en las Escrituras posteriores. El siguiente versículo de Levítico se mantuvo cierto ya que Abel mismo presentó la ofrenda:

"*Cuando alguno de vosotros traiga una ofrenda al SEÑOR. . . Él tiene que presentarlo*" (Levítico 1:1, 3)

La ofrenda de Abel, la grasa del animal, también era una parte "aceptable" de una ofrenda a Dios, como se explica con más detalle en Levítico:

"*El sacerdote los hará arder sobre el altar como comida, una ofrenda encendida, un olor grato. Toda la grasa es del Señor. Esta es una ordenanza duradera para las generaciones venideras, dondequiera que vivas: No debes comer grasa ni sangre*". (Levítico 3:16-17).

¿Cómo supo Abel ofrecer la grasa del animal? También es interesante cómo Abel trajo solo una parte de su rebaño. Como se explica en Éxodo, Dios no requiere la totalidad de algo para ser considerado un sacrificio:

"*Los ricos no darán más de medio siclo, y los pobres no darán menos cuando hagáis la ofrenda al SEÑOR para expiar vuestras vidas*". (Éxodo 30:15).

¿Por qué Abel no presentó la totalidad de su rebaño a Dios? ¿Cómo supo que un solo cordero sería suficiente? Además, ¿cómo supo Abel que el primogénito de la manada debía ser ofrecido a Dios? Como no aparece hasta mucho más tarde en las Escrituras:

"*Todos los primogénitos machos de vuestro ganado pertenecen al Señor*". (Éxodo 13:12).

Curiosamente, una ofrenda de sangre podría haber sido de cualquier animal, sin embargo, Abel supo traerle un animal de su rebaño, lo que coincide con Levítico:

"*Cuando alguno de vosotros traiga una ofrenda al SEÑOR, traiga como su ofrenda un animal de las vacas o de las ovejas*". (Levítico 1:2)

Las probabilidades de que Abel sepa hacer exactamente esas cosas sin conocimiento previo son simplemente imposibles. Por lo tanto, se puede decir con confianza que Dios les había dicho esto en un momento anterior, pero simplemente no se menciona en las Escrituras.

¿Era Necesario un Sacrificio de Sangre?

Dado que sabemos que Dios les había instruido a los dos en algún momento con respecto a lo que califica como un sacrificio, ¿por qué un sacrificio de sangre era significativamente relevante? El comportamiento de Abel tenía un significado mayor que el sacrificio, ¿o era el sacrificio mismo lo que era significativo? Algunos eruditos han especulado que la actitud de Caín fue la causa subyacente.

Según las Escrituras:

Por la fe Abel ofreció a Dios un mejor sacrificio que el que hizo Caín. Por la fe fue encomendado como hombre justo, cuando

Dios habló bien de sus ofrendas. Y por la fe todavía habla, aunque está muerto (Hebreos 11:4).

Es evidente a lo largo del pasaje que el enfoque sigue estando puesto en el "mejor sacrificio". No se hace mención de su actitud o comportamiento. Dado esto, no implica que su actitud estuviera justificada; de hecho, es evidente por las Escrituras que no se menciona.

No cabe duda de que el sacrificio de Caín fue erróneo en su naturaleza y que no será aceptable, como está claramente establecido en la Biblia. Como una manera obvia de distinguirlo del sacrificio de Abel, simplemente podemos mirar el hecho subyacente de que no fue un sacrificio de sangre como el de Abel. En contraste con la ofrenda de Caín de la "tierra" (cosechas) y la ofrenda de Abel del "rebaño", hubo una diferencia significativa entre esas ofrendas. Según la Biblia, en la historia de Caín y Abel no se menciona el tipo de sacrificio que Dios les pidió que hicieran. Creo que existe la posibilidad de que se comunicara con ellos y les instruyera. Sin embargo, otros factores indican que podría no haber sido el caso.

6

EL PRIMER ASESINATO DEL MUNDO

A LO LARGO DE la historia, la historia de Abel y Caín se usa para resaltar el primer asesinato que había ocurrido. Por supuesto, hay muchas conclusiones de todo ese incidente que ayudan a establecer los cimientos de la religión brahmánica. Sin embargo, existe una alta probabilidad de que este no sea el "primer asesinato".

Hemos discutido Génesis 4 y cómo se rechazó la ofrenda de Caín, pero se aceptó la ofrenda de Abel. También hemos discutido en profundidad las implicaciones bíblicas de la ofrenda de Abel y cómo cumplió con los criterios para una ofrenda "adecuada". Ahora, echemos un vistazo al primer asesinato y si realmente fue o no el primer asesinato...

La Biblia cuenta una historia sobre Caín y Abel a quienes se les pidió que presentaran una ofrenda al Señor. Caín trajo los productos que había cultivado en su granja debido a su experiencia agrícola. Por ser pastor, Abel era responsable de criar a los primogénitos en su ganado. Como resultado, Caín se enoja, pero el Señor le concede una segunda oportunidad para redimirse:

"Entonces el Señor le dijo a Caín: "¿Por qué estás enojado? ¿Por qué tu rostro está

abatido? Si haces lo correcto, ¿no serás aceptado? Pero si no haces lo correcto, el pecado está agazapado a tu puerta; desea tenerte, pero tú debes gobernarlo". (Génesis 4:6-7)

Por supuesto, el Señor conoce el resultado de cada situación incluso antes de que ocurra, por lo que la frase, "*Pero si no haces lo correcto, el pecado se agacha a tu puerta...*" presagia lo inevitable. A Caín se le advirtió que tenía que luchar contra este sentimiento de ira o sufrir las consecuencias.

Génesis 4 continúa con Caín atrayendo a Abel hacia los campos. Hay alguna implicación aquí de que Caín mismo sabía que lo que estaba a punto de hacer estaba mal y tenía que hacerlo en secreto. Si no lo supiera, habría golpeado a Abel en el mismo momento en que su ofrenda fue rechazada:

"*Entonces Caín dijo a su hermano Abel: 'Salgamos al campo'. Mientras estaban en el campo, Caín atacó a su hermano Abel y lo mató*". (Génesis 4:8).

Este evento fue seguido por:

"*Entonces el Señor le dijo a Caín: '¿Dónde está tu hermano Abel?' 'No sé', respondió él. "¿Soy yo el guardián de mi hermano?"* (Génesis 4:9).

La respuesta de Caín en sí misma es una declaración audaz contra Dios. Caín no solo sabía dónde estaba Abel (al ver cómo lo mató), sino que le mintió al Señor y repitió: *"¿Soy yo el guardián de mi hermano?"* Esto es cierto: como primogénito de Adán, él es el guardián y cuidador de Abel.

Enojado, el Señor lo desterró:

"El Señor dijo: '¿Qué has hecho? ¡Escuchar! La sangre de tu hermano me clama desde la tierra. Ahora estás bajo maldición y echado de la tierra, que abrió su boca para recibir de tu mano la sangre de tu hermano. Cuando labres la tierra, ya no te dará su fruto. serás un errante incansable sobre la tierra.'" (Génesis 4:10).

"El fruto de la tierra" fue el sacrificio que hizo Caín, y también fue lo que se convertiría en su maldición. El Señor aún le muestra compasión a Caín, a pesar de que ha hecho algo malo porque se salvó de la muerte al ser maldecido en su lugar. Como se describe en Génesis, la Biblia retrata la maldición de Caín como limitada a la tierra:

"*A Adán le dijo: 'Porque escuchaste a tu esposa y comiste del árbol acerca del cual te mandé, 'No debes comer de él', 'Maldita será la tierra por tu culpa; con doloroso trabajo comerás alimento de ella todos los días de tu vida*". (Génesis 3:17).

Otra cosa a tener en cuenta es la importancia de la agricultura en la Biblia:

"*Cuando todavía no había en la tierra ninguna planta del campo, ni había brotado ninguna hierba del campo, porque el Señor Dios no había hecho llover sobre la tierra, y no había nadie para labrar la tierra*". (Génesis 2:5).

La última oración por sí sola demuestra lo vital que es la agricultura a los ojos del Señor. La creación de Dios no llegó a su fin

Caín continúa en Génesis 4:

"Caín dijo al Señor: 'Mi castigo es más de lo que puedo soportar. Hoy me echas de la tierra, y estaré escondido de tu presencia; Seré un vagabundo inquieto sobre la tierra, y cualquiera que me encuentre me matará.

Pero el Señor le dijo: 'No es así; cualquiera que matare a Caín sufrirá venganza siete veces". Entonces el Señor puso una señal en Caín para que nadie que lo encontrara lo matara. Entonces Caín salió de la presencia del Señor y habitó en la tierra de Nod, al este de Edén". (Génesis 4:13-16)

Ahora, algo que se vuelve evidente después de un análisis cuidadoso de Génesis 4:13-16 es cómo Caín menciona, "*...el que me encuentre, me matará...*" Si Adán y Eva fueron los primeros humanos per se, y Caín y Abel fueron sus primeros hijos, ¿quiénes posiblemente quedan para "encontrar" a Caín?

Génesis 4 se completa con lo siguiente:

"*Caín hizo el amor con su esposa, y ella quedó embarazada y dio a luz a Enoc. Caín estaba entonces construyendo una ciudad, y le puso el nombre de su hijo Enoc. A Enoc le nació Irad, e Irad fue padre de Mehujael, y Mehujael fue padre de Metusael, y Metusael fue padre de Lamec. Lamech se casó con dos mujeres, una llamada Adah y la otra Zillah. Adah dio a luz a Jabal; él fue el padre de los que viven en tiendas y crían ganado. El nombre de su hermano era Jubal; fue el padre de todos los que tocan instrumentos de cuerda y flauta. Zillah también tuvo un hijo, Tubal-Cain, que forjaba toda clase de herramientas de bronce y hierro. La hermana de Tubal-Caín era Naama. Lamec dijo a sus esposas: 'Adah y Zillah, escúchenme; esposas de Lamec, escuchen mis palabras. He matado a un hombre por herirme, a un joven por herirme. Si Caín es vengado siete veces, entonces Lamec setenta y siete veces.' Adán volvió a hacer el amor con su esposa, y ella dio a luz un hijo y lo llamó Set, diciendo: "Dios me ha dado otro hijo en lugar de Abel, ya que Caín lo mató". Set también tuvo un hijo, y le puso por nombre Enós.*" (Génesis 4:17-25).

El resto de Génesis 4 habla de los siete descendientes de Caín, hasta Lamec, cuyas obras fueron vehementemente espantosas. Lamec ilustra una progresión del pecado, promoviendo la poligamia (al casarse con Adah y Zillah) y la venganza por matar a alguien que acababa de golpearlo. (He matado a un hombre por herirme, a un joven por herirme).

A pesar de estos pecados, Lamec efectivamente estableció los cimientos de la sociedad tal como la conocemos hoy. Introdujo la división del trabajo, la creación de instrumentos musicales y la metalurgia.

¿El "Primer" Asesinato Del Mundo?

Históricamente, el asesinato de Caín y Abel ha sido considerado como el primer asesinato registrado en la historia y el primer asesinato en todo el planeta. Afortunadamente, la evidencia arqueológica sugiere algo completamente diferente. Los investigadores han descubierto recientemente un cráneo de 430.000 años de antigüedad en una cueva en el sur de España, que se cree que proviene de la era de los dinosaurios.

El cráneo en sí había sido objeto de una degradación considerable. Después de todo, había estado en una cueva durante más de medio millón de años. La causa de la muerte se ha determinado en base a la datación por carbono y exámenes microscópicos. Se determinó que el cráneo había sido golpeado dos veces con un objeto contundente, hecho que no pudo haber ocurrido por accidente. Posteriormente, el cuerpo fue arrastrado y arrojado a la cueva, donde fue descubierto.

Antes de este descubrimiento, se creía que el asesino más antiguo conocido por el hombre como Shanidar-3, la víctima había muerto hace unos 50.000 años y era la víctima de asesinato más antigua conocida. Su caso involucró el apuñalamiento de sus costillas con un objeto similar a una lanza, lo que le provocó graves lesiones.

Sin embargo, para el cráneo descubierto en España, los científicos lo compararon con cientos de casos de lesiones, accidentes y traumatismos por objetos contundentes. Los investigadores informan que los huesos no habían mostrado signos de curación, por lo que la víctima murió inmediatamente después del impacto.

Es intrigante especular sobre lo que podría haber llevado a un antiguo homínido a iniciar la violencia contra otro. La escasez de recursos probablemente habría sido el factor decisivo. Además del cráneo encontrado allí, el sitio también contenía otros 28 individuos de diferentes edades en el lugar donde se encontró este.

Caín y Abel: ¿antiguos mesopotámicos?

Encuentro sumamente interesante que la historia de Caín y Abel es notablemente similar a los mitos y leyendas tradicionalmente populares en la antigua Mesopotamia. Teniendo en cuenta que la Biblia misma declara que esto es verdad y que Caín, Abel, Adán y Eva fueron los únicos seres humanos que vivieron en este planeta, surge la pregunta: ¿cómo pudo Caín, después de asesinar a su hermano Abel, ser exiliado? a la Tierra de Nod donde construyó una ciudad basada en su propia intuición e imaginación?

En la Mesopotamia pre-abrahámica se ha encontrado una antigua historia mesopotámica que se asemeja a algunas de las que se encuentran en otras culturas antiguas, ya que ilustra la historia de Caín y Abel. En ese momento, había una leyenda sobre un pastor llamado Dumuzi y un granjero llamado Enkidu. Estos dos competidores compitieron entre sí para ganarse el afecto de la diosa Inanna. Al final, Enkidu se ganó el corazón de la diosa. Por lo tanto, desarrollaron hostilidad y animosidad entre ellos a lo largo de sus vidas. En realidad, sentían lo contrario el uno hacia el otro.

Curiosamente, esto ocurre debido a las enseñanzas islámicas tradicionales, en las que Caín (Qabil) buscó casarse con la hija de Adán, pero en cambio, ella se casó con Abel (Habil).

La antigua Mesopotamia era predominantemente un pueblo agrícola, pero dado que los mesopotámicos dependían por completo de las lluvias y las inundaciones de los ríos, fueron testigos de numerosas hambrunas durante este período. En este sentido, está ampliamente aceptado que sería preferible vivir un estilo de vida de pastor en lugar de un estilo de vida agrícola.

Hay una conexión entre Dumuzi y Enkidu y la historia del capítulo 4 de Génesis, en el que Caín invita a Abel a los pastos lejos de todos. Al hacer esto, podrá escapar de las preocupaciones de todos. Como asesinato ritual, Enkidu matando a Dumuzi se consideraba un asesinato ritual en la mitología antigua de Mesopotamia en lugar de un asesinato. Era común que los mesopotámicos experimentaran hambrunas, y como una forma de honrar a sus dioses, era común que hicieran una gran cantidad de sacrificios. La tradición enseña que la primera ofrenda a los dioses (más comúnmente el ganado de Dumuzi, similar a las ovejas de Abel) fue el primer "ritual". El segundo ritual se llevó a cabo fuera del templo, mientras Enkidu arrastraba a Dumuzi a los campos y allí realizaba una matanza ritual. Hay una diferencia significativa entre los textos mesopotámicos y la Biblia. Es por eso que las actividades descritas en la Biblia no tenían la intención de ser gestos de rencor, sino que se consideraban prácticas estándar entre la gente de Mesopotamia. Basado en un mito, se creía que el acto de empapar sangre en el suelo haría que la tierra se dinamizara, provocando así una "revitalización".

También se podría argumentar que, simultáneamente, la celebración del Año Nuevo babilónico y el festival Buhonera de la antigua Atenas compartían un tema común. Los antiguos exorcistas y sacerdotes sacrificaban ovejas como un acto de apaciguamiento a su dios. Usaron la sangre de los sacrificios para marcar los santuarios como un acto de apaciguamiento a su deidad. Además de la oveja sacrificada, otra oveja fue liberada en el desierto después de la matanza.

Cuando los bueyes se usaban realmente como parte de un ritual durante el período Buhonera, los hombres debían matar un buey como parte de la tradición. También se vieron obligados a huir durante mucho tiempo hasta que pudieran purificarse nuevamente. En el caso de Caín, puede haber evidencia que sugiera que sus marcas sirvieron como protección ritual para él. Caín fue puesto en el desierto después de que fue desterrado tras el asesinato de su hermano Abel. Debido al castigo que se vio obligado a soportar, finalmente se hizo un tatuaje para protegerse. La razón es que muchas culturas y pueblos en la antigüedad usaban formas primitivas de tatuaje con la intención de mostrar su condición de sacerdotes. Hasta hace unos años, se pensaba que los individuos seguían esta tradición, según informan antiguas tribus palestinas como los keniatas. El pueblo ceneo era un pueblo nómada o semi-nómada que vivía en tiendas (a veces comparado con los descendientes de Caín que construían tiendas).

Como se registra en el Libro de Enoc (22:7), Abel es designado como el jefe de los mártires cuya misión era terminar con el descenso de Caín. El punto de vista también se reitera en el Testamento de Abraham:

"*Un hombre terrible sentado en el trono para juzgar a todas las criaturas, y examinando a los justos y a los pecadores. Siendo él el primero en morir como mártir, Dios lo trajo aquí [al lugar del juicio en el mundo inferior] para dictar sentencia, mientras que Enoc, el escriba celestial, está a su lado escribiendo el pecado y la justicia de cada uno. Porque Dios dijo: Yo no os juzgaré, sino que cada hombre será juzgado por otro hombre. Siendo descendientes del primer hombre, serán juzgados por su hijo hasta la grande y gloriosa aparición del*

Señor, cuando serán juzgados por las doce tribus de Israel, y entonces el último juicio del Señor mismo será perfecto e inmutable." (A:13/B:11)

Tanto los documentos históricos como la literatura religiosa antigua nos brindan una excelente fuente de información sobre las civilizaciones antiguas. Por otro lado, es nuestra responsabilidad separar la realidad de la ficción en lo que respecta a las civilizaciones antiguas. Vea cómo desentrañamos el misterio de Caín y Abel en los siguientes párrafos.

7

DESTIERRO

El Libro de Génesis ofrece una descripción completa de la creación de la humanidad a diversos lectores de todos los orígenes a través de su trabajo integral. Creo que el castigo de Caín nos da una idea de cómo Dios trata a los pecadores y cómo, a pesar de las acciones de Caín, proporciona guía y arrepentimiento. Y creo que el contexto de este versículo ilustra que la misericordia de Dios se extiende por todas partes, enfatizando cuán extensa es. Como se indicó en la introducción de este capítulo, su propósito será explorar el destierro de Caín con más detalle.

Los dos hermanos, sus dos ofertas y el pecado de un hermano son el tema de los primeros cinco versículos de Génesis 4. Estos versos sirven como introducción a los personajes principales de la historia. En los capítulos que preceden a este se cuenta que Adán y Eva tuvieron dos hijos, Caín y Abel, pastor y labrador, respectivamente. Solo el pecado de Caín nos da una idea de la misericordia de Dios, incluso antes de examinar su pecado.

En Génesis 4:1, Eva reconoce que "Con la ayuda del Señor, he dado a luz a un hombre". (el nacimiento de Caín). Esto es significativo porque, en ese momento, tanto Adán como

Eva fueron desterrados del Jardín del Edén. Uno asumiría que Dios los había abandonado, lo cual no hizo.

A lo largo del versículo, puedes ver cómo tanto Caín como Abel hicieron ofrendas a Dios, y solo se aceptó la ofrenda de Abel. Cabe señalar que ni Dios aceptó ni rechazó la ofrenda de Caín, lo que resultó en la ira de este último. Los versículos 6-8 de Génesis destacan los elementos centrales de los eventos que ocurrieron entre Caín y Abel. Solo había unos pocos detalles esenciales, y nada más era necesario.

En lugar de detalles sobre cómo Caín mató a Abel, se nos da información sobre el hecho de que Dios sabía los eventos que ocurrirían. A pesar de conocer el resultado de los eventos, Dios permitió que Caín se redimiera antes de cometer el asesinato. Dios insta a Caín a actuar sabiamente antes de cometer un asesinato, "Haz lo correcto". Si no fuera por el reconocimiento de Dios de las emociones de Caín, *"¿Por qué estás enojado y tu rostro sombrío?"*, nunca hubiéramos entendido por qué Caín mató a Abel.

Creo que hay tres puntos principales que se derivan de este estudio. En primer lugar, Dios quiere que Caín contemple a partir de su ira. En segundo lugar, Dios advierte a Caín acerca de las repercusiones de sus acciones al establecer una advertencia: "*Y si no haces lo correcto, el pecado está a la puerta esperando para abalanzarse sobre ti. Su deseo es para ti*". Es decir, no caer en la trampa de la ira y la rabia y hacer algo de lo que se pueda arrepentir en el futuro.

No importa cuán misericordioso sea Dios cuando llegue el momento en que se debe el castigo, se cumplirá la retribución. Los versículos 9 al 12 son los pasajes que tratan este tema. De lo anterior se puede ver que la consecuencia de Caín por matar a Abel fue leve, independientemente de su conocimiento de lo que había hecho. Por las circunstancias, podemos concluir que se trata de un asunto bastante complicado. El Señor podría haber dicho que conocía la maldad de Caín y lo desterró de inmediato, pero en cambio, le pidió a Caín que primero confesara para despejar cualquier duda y quizás para evitar malentendidos en este versículo; entendemos lo importante que es permanecer inocente hasta que se demuestre lo contrario.

Dios le hizo una simple pregunta a Caín: "¿Dónde está tu hermano?" pero desvió la pregunta en consecuencia. No estaba al tanto de la gravedad de su culpa, que comenzó a enconarse aquí. Dios podría haber explicado fácilmente las acciones de Caín y aclarado sus acciones frente a él, pero Dios eligió darle tiempo para reflexionar sobre sus acciones. Caín no tenía motivos para sentir remordimiento porque, en ese momento, no sabía lo que era la muerte. "No lo sé, ¿soy el guardián de mi hermano?" es un testimonio de este hecho, sucintamente demostrado por su respuesta un tanto sarcástica.

Después de ver que el enfoque indirecto para lograr que Caín admitiera sus acciones no funcionó, Dios hizo un enfoque más directo para obtener la confesión de Caín. En el versículo 10, se le preguntó a Caín: "¿Qué has hecho? Puedo oír los gritos de la sangre de tu hermano desde la tierra". En ese momento, Caín se dio cuenta de sus hechos, y en este punto, no había duda en su mente de que estaban equivocados. Esto significa que Caín reconoce que ha cometido el crimen de matar a Abel y que será juzgado en consecuencia. "La voz de la sangre de tu hermano me clama desde la tierra" implica que Abel busca la justicia de Dios, pero sorprendentemente, no se dice explícitamente.

A partir de los versículos 11-12, se establece el castigo de Caín por sus acciones. Dios no solo reconoce que Caín cometió un crimen, sino que también declara que se justifica una pena. El castigo de Caín fue doble. Primero, el trabajo de Caín se hizo redundante, como se explica en el versículo 12: "Cuando labres la tierra, ya no te dará su fruto". Dado que la ocupación principal de Caín era como "labrador de la tierra" (agricultor), su trabajo se hizo más difícil al hacer que sus cosechas fueran menos generosas y difíciles de cultivar. Una declaración adicional en este versículo dice: "Serás un inquieto y errante sobre la tierra". Esto significa que Caín fue expulsado de la comunidad en la que vivían Adán y Eva.

Se podría argumentar que la respuesta de Caín revela la severidad del castigo que está recibiendo una vez que comprende las consecuencias. Una vez que Caín se da cuenta de que su castigo es demasiado severo para soportarlo, se queja de que es demasiado duro. Él dice: "Mi castigo es demasiado duro para soportarlo. Estás a punto de echarme de la tierra, y seré escondido de tu vista; andaré errante por la tierra, y cualquiera que me encuentre me matará". Independientemente de sus acciones, Caín se queja de que su castigo fue demasiado severo para tolerarlo. Me dolió profundamente la idea de que lo hubieran expulsado del Edén y arrojado a una tierra desconocida, lo que debió haber sido abrumador para él. Caín fue desarraigado de su familia y alejado de su vida cómoda. Sin embargo, sigue siendo cierto que Caín teme por su propia vida porque sabe que quien lo encuentre probablemente lo lastime o lo mate en el acto.

No es hasta que leemos los versículos 15-16 que la naturaleza de este evento se vuelve clara. Tomando el versículo catorceavo como un todo, se podría inferir que el castigo de Caín habría sido la muerte si lo hubieran encontrado y asesinado. Sin embargo, Dios cambia la opinión de Caín con las palabras, Pero el Señor le dijo: 'No así; cualquiera que mate a Caín sufrirá siete veces la venganza.' Por lo tanto, el Señor le puso una marca para que nadie que encontrara pudiera hacerle daño". también fue expulsado de la presencia de Dios en el Edén, como si Dios no lo abandonara por completo, sino que el privilegio y la preferencia que gozaba en el Jardín del Edén ya no existían.

El castigo y el destierro de Dios son un reflejo de Su misericordia.

Uno pensaría que a Caín también se le debería haber dado la pena de muerte por matar a su hermano. Todos los que leen Génesis (incluso cuando las revelaciones llegaron a Moisés) conocían esta ley. La buena noticia es que Caín no enfrentó nada de eso, ni experimentó ningún castigo físico abusivo. Finalmente, Dios no abandonó a Caín desde que se casó, tuvo una familia y construyó una ciudad. Todas estas cosas no podrían haberse hecho sin la guía y la ayuda de Dios, ¿verdad?

Aunque Caín fue castigado y desterrado, es interesante darse cuenta de que su castigo no fue tan "severo" como cabría esperar por un asesinato. Quizás Dios fue misericordioso porque fue, por supuesto, el primer asesinato de la historia. Hasta ese momento, Adán, Eva, Caín y Abel no sabían nada del concepto de la muerte. Caín golpeando a Abel habría sido solo una forma de descargar su ira y frustración al agredirlo físicamente, nunca habría adivinado el resultado.

8
¿SÍMBOLO O REALIDAD?

Ha habido numerosos problemas planteados por Génesis 4. Los cuales han sido investigados en profundidad y abordados. La principal preocupación en la que nos hemos centrado es garantizar que se responda a estos tres problemas:

1. ¿De dónde vino la esposa de Caín?

2. Si Caín "encontró" a su esposa viviendo en Nod, al este de Edén, ¿no implica esto que tiene que

haber otras personas viviendo allí, haciendo que Adán y Eva no sean las primeras personas en la tierra?

3. Si el Jardín del Edén fue, de hecho, la primera creación en la tierra, ¿cómo hay tierra al este de él?

Al leer Génesis 4, estamos alertados y conscientes de que Adán y Eva no podrían ser las primeras personas en ocupar la Tierra. Esto se debe a que indica que la tierra al este de Edén estaba habitada.

"*Entonces Caín se alejó de la presencia del Señor y habitó en la tierra de Nod, al este de Edén.*

Caín conoció a su esposa, y ella concibió y dio a luz a Enoc; y edificó una ciudad, y llamó el nombre de la ciudad del nombre de su hijo, Enoc." (Génesis 4:16-17)

De hecho, fue el versículo 14 el que significó cuán prominente era la amenaza de otras personas.

"*He aquí, me has echado hoy de la tierra, y de tu presencia seré escondido; y seré un fugitivo y un errante sobre la tierra, y cualquiera que me encuentre me matará.*" (Génesis 4:14)

¿Cuáles son las posibilidades de que alguien pueda encontrar a Caín? Según la creencia popular, Adán y Eva fueron los últimos dos sobrevivientes ya que Abel ya estaba muerto. Luego, tras la rebelión de Caín y la muerte de Abel, Adán y Eva concibieron a Seth como reemplazo de Abel.

"*Y Adán conoció de nuevo a su esposa; y ella dio a luz un hijo, y llamó su nombre*

Set; porque Dios, dijo ella, me ha puesto otra simiente en lugar de Abel, a quien mató Caín." (Génesis 4:25)

Con el tiempo, Seth fue bendecido con una esposa y un hijo propio. En consecuencia, las esposas de los dos hombres, Caín y Set, se han quedado con un dilema muy angustioso. Si bien puede que no sea imposible que la esposa de Seth sea su hermana, todavía no puedo rastrear los orígenes de la esposa de Caín.

Teniendo en cuenta todos los Aspectos

Los eruditos creen que Adán, Eva, Caín y Abel ni siquiera eran humanos, ya que algunos investigadores consideraban que la humanidad era un mito. Cabe señalar que eran meras representaciones simbólicas de nuestra carne y nuestra alma, respectivamente. Además, el pasaje también elabora varias características fundamentales relacionadas con el sufrimiento de los seres humanos. Estos incluyen la soledad, el miedo y la ira, tres de los rasgos más básicos de la personalidad humana. Hasta este punto, no ha habido una explicación satisfactoria para reconciliar la contradicción que rodea por qué Dios eligió aceptar la ofrenda de Abel sobre otras ofrendas. No hay una razón definitiva detrás de la elección de Dios, por lo que aquellos de nosotros que tenemos interés en saber lo que implica tomar su decisión no podemos hacer más que hacer conjeturas sobre por qué tomó esta decisión en primer lugar.

Alternativamente, también podría decirse que la ofrenda de Caín fue rechazada, mientras que la ofrenda de Abel fue aceptada, lo que ilustra el cambio de estilo de vida entre los hebreos de tribus nómadas (Caín) a tribus de pastores (Abel), lo que demuestra el cambio del nomadismo a la estabilidad en su estilo de vida Cabe mencionar que la palabra hebrea Nod es otra forma de decir errante o vagabundo. El hecho de que la esposa de Caín vendría de esta región tiene sentido, ya que se traduce como "vagabundo" o "vagabundo", lo que refleja la maldición que Dios le impuso debido a su incapacidad para cultivar. (No puedes tener un granjero y un vagabundo simultáneamente).

Descifrar estas historias no es tan fácil como parece porque la situación involucra varias cuestiones que deben ser consideradas. Nuestra principal preocupación está relacionada con el hecho de que, a lo largo de los siglos, hemos perdido o modificado elementos fundamentales en la historia de Génesis. Estos elementos son vitales para la comprensión de la historia. Cuando se trataba de producir incluso un papel de cualquier tipo (pergamino), el proceso requería mucho tiempo y podía tomar un período considerablemente largo antes de que finalmente se completara. Esta técnica se usaba comúnmente en sus inicios para agregar y eliminar contenido, lo que se consideraba una práctica estándar. El hecho de que los académicos tuvieran que interpretar lo que se consideraba necesario según sus propios estándares para tomar sus decisiones creó una situación desafiante para los académicos.

La historia de Caín y Abel (o Adán y Eva colectivamente) ha sido criticada porque a la mayoría de los eruditos les resulta difícil distinguir entre una enseñanza metafórica y hechos reales. Supongamos, por ejemplo, que pudiéramos decir que la historia de Adán y Eva estaba basada en mitos y abierta a la interpretación del "panorama general", entonces tiene sentido por qué Dios lo habría hecho. En general, las metáforas ayudan a todos a relacionarse, independientemente de dónde se originen. Las interpretaciones de la literatura a menudo conducen a extensas discusiones y debates, lo que resulta en malentendidos.

Un factor importante que contribuye al desarrollo del mito religioso es su capacidad para cerrar la brecha entre lo que se considera natural y lo que se considera sobrenatural. También es posible que las explicaciones sean más comprensibles si se presentan de manera más crítica, sin utilizar mitos o metáforas. Creo que, si medimos el Antiguo Testamento puramente en su valor superficial, es evidente que revela las características absolutamente más negativas de la raza humana. En ese sentido, sería redundante interpretar la historia de Adán y Eva en un contexto literal sin leer entre líneas.

Al contemplar la retribución de Caín, uno podría aventurarse a pensar que, después de todo, no constituía un gran castigo por el asesinato. Caín fue exiliado del Edén, pero tenía la marca de Dios que le otorgaba protección. A pesar de "vagar", construyó una ciudad y finalmente continuó con el linaje humano. De manera similar, incluso a Adán y Eva se les dio una advertencia; si comieran del árbol de la vida, “ciertamente morirían” (Génesis 2:17), pero sobrevivieron. Claramente, todo tiene un significado más profundo para todo.

Las "otras personas" que vivían al este de Edén posiblemente podrían haber sido una civilización humana pasada que podría haber disgustado a Dios de una forma u otra, tanto que su existencia no se menciona en la Biblia en una representación más simbólica.

En un nivel metafísico, la conciencia de Adán y Eva de que se encarnaron y se separaron de su hogar divino, y tomaron la forma de seres físicos, es el comienzo de nuestro sentido de separación del amor espiritual (el pecado original), que se puede ver como evidencia de su autoconciencia como seres físicos. La partida de Caín es el segundo paso en el proceso. Consiste en distanciarnos de la conexión interior de pertenecer a nuestra familia y hogar espiritual. Aprendemos a vivir sin las bendiciones y comodidades que ofrece nuestra divina residencia.

Ciencia moderna

Antes de que se desarrollara la teoría del Big Bango en el siglo XX, los filósofos y científicos debatieron si el universo se originó en un punto en el tiempo. Además, afirmaron que siempre ha existido y existió previamente en el "pasado infinito".

Esta perspectiva sigue la cosmovisión filosófica de los filósofos antiguos y, de la misma manera, sigue la filosofía ética del punto de vista ateo actual. Por otro lado, varios argumentos lógicos sugieren que el universo no es infinitamente antiguo, como la causalidad. El ateísmo se adhirió principalmente a la idea de que el universo era infinitamente antiguo como justificación para descartar la necesidad de Dios. No hubo evidencia empírica disponible durante la mayor parte del tiempo en la historia que probara que el universo tuvo un "comienzo" objetivo.

Durante la primera mitad del siglo XX, varios descubrimientos llevaron a la introducción de la teoría del Big Bango, que provocó un cambio dramático en la situación. Pero nadie que apoye la teoría del Big Bango puede decir qué tan antiguo es el espacio ilimitado y qué tan antiguo es el comienzo del tiempo. Hay verdad en el dicho de que todo debe tener una causa, y la causa misma debe tener una razón. En otras palabras, si Dios desaparece un día, el universo entero se convertirá en una razón desconocida. Esa razón desconocida considerará a Dios, por eso Dios es la fuente de la razón desconocida.

Durante varias décadas, aquellos que preferían la idea de un universo eterno hicieron muchos intentos de explicar la evidencia empírica, pero fue en vano. El resultado fue que la ciencia secular prestó un tremendo apoyo al relato bíblico de la creación.

Usando la teoría de la gravitación general de Einstein, publicada en

1916, se sugirió que el universo debe continuar expandiéndose o contrayéndose constantemente. En otras palabras, Einstein agregó la "constante cosmológica" a sus ecuaciones para corresponder a su deseo de mantener la posibilidad de un universo estático y eterno. El pionero de la ciencia se refirió a este incidente como el "mayor error" de su carrera.

Durante la década de 1920, Edwin Hubble desarrolló una teoría que demostraba que el universo se había estado expandiendo. La constante cosmológica de Einstein fue contradicha por este descubrimiento, lo que provocó que los astrofísicos no creyentes se sintieran insatisfechos. Georges Lemaître, astrónomo y sacerdote católico romano, contribuyó significativamente a su malestar.

En opinión de Lemaître, el efecto combinado de la teoría de la relatividad general con los descubrimientos de Hubble implica que el universo podría haber comenzado. Se podría argumentar que el universo se está expandiendo en este momento. Sin embargo, todo el universo podría haber estado contenido en algún lugar en el pasado lejano. La teoría del Big Bango ha llegado a basarse en este concepto.

Durante las últimas décadas, los físicos intentaron salvar la eternidad del universo proponiendo todo, desde el modelo de Milne (1935) hasta la teoría del estado estacionario (1948). En muchos casos (si no en la mayoría), estos modelos se propusieron explícitamente porque las implicaciones de un universo no eterno eran "demasiado religiosas".

El descubrimiento de la radiación de fondo de microondas cósmica en 1964 ganó el Premio Nobel, algo que había sido predicho por los primeros teóricos del Big Bango en la década de 1940. Se puede decir sin lugar a dudas que el descubrimiento sentó las bases para la noción de que el surgimiento de la existencia es una parte ineludible de la ciencia actual. En lugar de preguntar: "¿Tuvo el universo un comienzo?" la pregunta debería haber sido: "¿Cómo comenzó el universo?"

Independientemente de cómo uno interprete la evidencia del Big Bango, independientemente de cómo uno la interprete, es un ejemplo sorprendente de la intersección de la ciencia y la teología. De acuerdo con la ciencia empírica objetiva, todo el espacio, el tiempo y la energía llegaron a existir juntos en un solo momento: un "comienzo". Antes de este acontecimiento, fuera lo que fuese, no había ni tiempo ni espacio. Entonces, de repente, una bola infinitesimal extremadamente densa, asombrosamente caliente, de algo, todo, apareció en algún lugar, de alguna manera sin explicación, y comenzó a expandirse rápidamente con todo nuestro universo dentro. De ser cierta, la teoría del Big Bango confirma el punto de vista propugnado por el judeo-cristianismo durante miles de años.

El astrofísico Dr. Robert Jastrow lo expresó de esta manera en su libro (God and the Astronomers) (Nueva York: W.W. Norton, 1978, p. 116): "Para el científico que ha vivido por su fe en el poder de la razón, la historia termina como un sueño terrible, ha escalado las montañas de la ignorancia, está a punto de conquistar el pico más alto, mientras una voz articulada se eleva sobre la última roca, es recibido por una banda de teólogos como si hubieran estado sentados allí durante siglos. "

¿Cuál es el propósito de esto? Porque, como explicó Jastrow en una entrevista posterior: "Los astrónomos ahora descubren que se han arrinconado a sí mismos porque han demostrado, con sus propios métodos, que el mundo comenzó abruptamente en el acto de la creación, al que se pueden rastrear las semillas de cada estrella. En el presente, cada planeta, cada criatura viviente en este cosmos, y aquellos que describirían las fuerzas sobrenaturales en el trabajo como en el trabajo están presentes. Creo que es un hecho científicamente probado. "Científico atrapado entre dos religiones: Entrevista con Robert Jastrow" Christianity Today, 6 de agosto de 1982, págs. 15, 18

Este aspecto de las teorías del Big Bango es significativo. Porque antes de que el concepto entrara en desarrollo, la idea de que el universo no tenía causa, era eterno y no fue creado estaba estrechamente relacionada con la suposición de que Dios no existía. Luego, los no creyentes comenzaron a afirmar que estos avances tecnológicos en realidad negaban la existencia de Dios en estos tiempos cada vez más avanzados. Un argumento que siempre había apoyado la presencia de una esencia Divina de repente dejó de ser válido. Una afirmación que previamente había sido rechazada por esta razón, de repente se convirtió en una que demostraba que los ateos tenían razón desde el principio.

Esta respuesta debe considerarse desafortunada, ya que ha llevado a la comunidad creacionista a ofrecer una respuesta similar. De manera similar, muchos cristianos han sugerido que la teoría del Big Bango tiene la intención fundamental de socavar el relato bíblico de la creación. Esto es similar a cómo los astrónomos creen que la teoría del universo en expansión es un intento de introducir la religión en la ciencia. Sin embargo, algunos cristianos creen que la teoría del Big Bango se corresponde con la historia de la creación en la Biblia.

Cualquier información que pueda descubrir la existencia de un comienzo para el universo, sin importar cuán convincente pueda parecer, será bien recibida por aquellos que examinan la teoría.

Dicho esto, es pertinente entender que la teoría del Big Bango es solo una teoría. La naturaleza exacta o la causa de ese "comienzo" no ha sido explícitamente probada por la ciencia empírica, ni puede serlo.

¿Existe la posibilidad de que Dios haya creado el universo usando el "Big Bango" como medio de creación? La premisa en sí, que sostiene que el universo llegó a existir a través de una rápida expansión, tiene bastante compatibilidad con el creacionismo bíblico, siempre que reconozcamos que todos los componentes y fuerzas del Big Bango fueron generados por Dios "de la nada". (Hebreos 11:3). Solo se mencionan dos cosas en las Escrituras: que Dios creó los cielos y la tierra (Génesis 1:1) y que habló para que existiera el universo (Salmo 33:6; Hebreos 11:3). La evidencia que parece apuntar a un "Big Bango" puede, de hecho, estar apuntando al primer acto creativo de Dios, basado en lo que sabemos sobre la primera explosión atómica. ¿Podría este ser el caso? Hay una posibilidad para eso.

La teoría del Big Bango, tal como la presenta comúnmente la comunidad científica, se basa en presuposiciones ateas. Esto es contrario al relato bíblico de la creación que ha tenido lugar durante miles de años. En ese sentido, Dios no creó el universo a través del "Big Bango", por lo que no hay conexión entre la concepción del universo de Dios y el Big Bango.

9

LA ESPOSA DE CAÍN: ¿HERMANA O EXTRAÑA?

La gente especuló que Caín pudo haberse casado con una mujer que definitivamente no era su hermana. Esto se debe a que ella no se originó en el Edén y no hay forma de que tenga una relación con Eva. Debe decirse que los eruditos religiosos generalmente desconocían su existencia, ya que incluso la Biblia no atribuye ningún significado a su vida. También se ha sugerido que Caín conoció a su esposa en la Tierra de Nod, lo que implica que ella no era descendiente de Adán y Eva. Al igual que los partidarios de una interpretación literal de Génesis, aquellos que favorecen un enfoque que toma Génesis literalmente enfatizan igualmente que Génesis 4:17 nos informa que "*Caín conoció a su mujer*", es decir, tuvo relaciones sexuales con ella en esa tierra, pero no se encontraron allí. Como se describe en la Biblia, "*Caín conoció a su esposa, y ella concibió y dio a luz a Enoc. Edificó una ciudad y le puso el nombre de su hijo, Enoc*". (Génesis 4:16-17)

Puedo estar en una posición única para responder la pregunta de si Caín se casó con su hermana o no, basándome en la historia de esta familia que se remonta a cientos de años. Muchos círculos religiosos la consideran una de las teorías más controvertidas de nuestro tiempo. Esto se debe a la intensa controversia que se ha suscitado en torno a esta teoría a lo largo del tiempo. Si bien reconocemos que las creencias y creencias religiosas varían de un individuo a otro, veamos otras teorías sobre por qué la esposa de Caín no era su hermana en lugar de porque era ilegal.

Entonces, consideremos esto: El tercer hijo de Adán y Eva, Set se casó con su hermana, otro ejemplo; La esposa de Abraham era su hermana, por lo que no era ilegal que hermanos y hermanas se casaran entre sí. Si miramos 2 Samuel 13 NTV:

3 Pero Amnón tenía un amigo muy astuto: su primo Jonadab. Era hijo del hermano de David, Simea. 4 Un día, Jonadab le dijo a Amnón: "¿Cuál es el problema? ¿Por qué el

hijo de un rey se ve tan abatido mañana tras
mañana?"

Entonces Amnón le dijo: "Estoy enamorado
de Tamar, la hermana de mi hermano
Absalón".

5 "Bueno", dijo Jonadab, "yo te diré qué
hacer. Vuelve a la cama y finge que estás
enfermo. Cuando tu padre venga a verte,
pídele que deje venir a Tamar y te prepare
algo de comer. Dile que te sentirás mejor
si ella lo prepara mientras te mira y te
alimenta con sus propias manos".

6 Entonces Amnón se acostó y fingió estar
enfermo. Y cuando el rey fue a verlo,
Amnón le dijo: "Por favor, permite que mi
hermana Tamar venga y cocine mi plato
favorito[b] mientras yo observo. Entonces
puedo comerlo de sus propias manos. 7
Entonces David estuvo de acuerdo y envió a

Tamar a la casa de Amnón para prepararle algo de comida.

8 Cuando Tamar llegó a la casa de Amnón, fue al lugar donde él estaba acostado para que él la viera preparar un poco de masa. Luego horneó su plato favorito para él.
9 Pero cuando ella puso la bandeja de servir delante de él, él se negó a comer. "Salgan todos de aquí", les dijo Amnón a sus sirvientes. Así que todos se fueron.

10 Entonces dijo a Tamar: "Ahora trae la comida a mi dormitorio y dámela de comer aquí". Así que Tamar le llevó su plato favorito. 11 Pero mientras ella lo alimentaba, él la agarró y le dijo: "Ven a la cama conmigo, mi querida hermana".

12 "¡No, hermano mío!" ella lloró. "¡No seas tonto! ¡No me hagas esto! Tales cosas malas no se hacen en Israel. 13 ¿Adónde podría ir en mi vergüenza? Y serías llamado uno de los mayores tontos de Israel. Por favor, habla con el rey al respecto y te permitirá casarte conmigo."

De acuerdo con el versículo anterior, los matrimonios entre hermanos en ese momento no se consideraban una práctica prohibida. Además, el relato bíblico de Caín ha sido cuestionado en muchos otros contextos. Tomemos, por ejemplo, la siguiente pregunta: si toda la humanidad desciende de Adán y Eva, ¿de dónde descendió la esposa de Caín? Además, uno puede preguntarse, si Caín se casa con su hermana, ¿no es eso un acto de incesto? ¿Podría por favor proporcionar alguna información sobre los antecedentes de las personas mencionadas? En una situación oportuna, ¿no tendría sentido lógico suponer que la descendencia de Caín sufriría degradación si se casara con su hermana? Siempre hay muchas teorías y argumentos diferentes que siguen cada vez que hay una conversación sobre el matrimonio de Caín.

Siguiendo un camino similar a estos argumentos, muchos estudiosos creen que la esposa de Caín era descendiente de humanos pre adámicos, una raza que caminó por la Tierra antes que Adán y Eva. Sin embargo, este argumento genera otros problemas porque, según las Escrituras, Adán fue el primer hombre creado (Génesis 2:7, 18-19; 1 Corintios 15:45). De manera similar, según las Escrituras (Génesis 3:20), a Eva se le dio su nombre porque se la clasificó como la madre de todas las criaturas vivientes. Por lo tanto, la idea de que Caín se case con una descendencia pre adámica se descarta ya que no hay prueba de su existencia si vemos las cosas a través de la lente de la religión.

Entonces, ¿dónde encontró Caín a su esposa? ¿No es intrigante contemplar que Adán y Eva pudieron haber tenido dos hijos, Caín y Abel, de quienes Caín obtuvo su esposa? Aunque los escépticos bíblicos a menudo hacen tales preguntas para probar su conocimiento, la Biblia contiene suficiente información para responderlas satisfactoriamente. La siguiente información se proporciona en los capítulos tercero y cuarto de Génesis.

1. Eva fue la madre de todos los seres vivientes (Génesis 3:22).

2. Tiempo transcurrido entre el

nacimiento de Caín y su ofrenda del sacrificio rechazado por Dios.

3. Después de su destierro para convertirse en un vagabundo y fugitivo, Caín temía que cualquiera que lo encontrara pudiera matarlo.

4. Dios colocó una señal para proteger a Caín, indicando que sus hermanos o parientes podrían tratar de matarlo.

5. Después, Caín tuvo una relación con su esposa en la tierra de Nods. (Génesis 4:3)

Adán probablemente era un adulto cuando nacieron Caín y Abel, ya que la historia indica que Adán fue creado en lugar de nacer. Esto sugiere que era un hombre maduro cuando nació.

En consecuencia, Adán no es mucho mayor que Caín si comparamos el tiempo entre la creación de Adán y el nacimiento de Caín si tomamos la edad acumulada desde la creación de Adán hasta el nacimiento de Caín. Si consideramos las fechas de la expulsión de Caín de la presencia de Dios poco después de ofrecer su primer sacrificio, se podría considerar razonablemente que tanto Caín como su hermano Abel tenían entre quince y treinta años en el momento del destierro. La evidencia bíblica nos ha llevado a hacer estas suposiciones basadas en la evidencia dada en la Biblia.

En el caso de la esposa de Caín, no está claro que fuera hija de Eva desde la perspectiva de la Biblia.

Ya hemos establecido un hecho histórico de que el incesto no existía en aquellos tiempos en la forma en que se conoce hoy. La decisión de Caín de no casarse con su hermana no fue un juicio personal que hizo, independientemente de si, en ese momento en particular, le pareció aceptable.

Estamos bastante lejos de la perfección original alcanzada por nuestros antiguos ancestros, una estimación que ilustra ¿cuántos años tenemos actualmente? Puede haber otros factores además de los genes y la herencia que influyan en nuestras vidas. En estudios recientes, como los que han aparecido en el "Journal of Genetic Counseling," se ha sugerido que el riesgo de trastornos del desarrollo en niños con primos puede ser menor de lo que se creía anteriormente. El escenario más razonable supondría que estos problemas no se convirtieron en una preocupación seria durante la generación de Adán o incluso antes de la de Noé.

Hay otra especulación que se puede hacer basada en la religión yazidi, que tiene sus raíces en la fe persa anterior a Zoroastrian en las naciones occidentales, con respecto a determinar si su esposa es su pariente o no.

En la mitología judía antigua, hay una afirmación que refuta la afirmación de que Eva fue la primera mujer. Este mito sugiere que hubo una mujer antes de Eva llamada Lilita. Como miembro igualitario de la raza humana como Adán y Eva, Lilita emergió de la tierra con Adán porque fue creada por Dios, al igual que Adán. Debido a su creencia de que era igual a su esposo y no tenía derecho al dominio de Adam, Lilita no obedeció las órdenes de su esposo. En el Jardín del Edén, Lilita y Adán vivían juntos. La rebelión de Lilita, sin embargo, la obligó a elegir entre seguir obedientemente a su esposo o abandonar el Jardín del Edén. Lilita no estaba preparada para renunciar a su independencia. Ella, por lo tanto, decidió partir de Adán y del Jardín del Edén. Como resultado, la primera mujer creada fue exiliada a una región cercana al Mar Rojo. Dios envió a Lilita un ángel para persuadirla de regresar al Jardín del Edén, pero ella se negó a regresar.

El sufrimiento no duró mucho después de que Adán se vio privado de su esposa y se sintió solo. En el momento en que Dios observó a Adán luchando en aislamiento, pensó que debía crearse una nueva mujer, por lo que creó a Eva. El rechazo de Lilita al Creador resultó en que se convirtiera en un ser demoníaco. En el estado en el que asumió su forma demoníaca, se le otorgó la capacidad de infligir enfermedades a los recién nacidos. Durante el intento de llevar a Lilita de regreso al Edén, se les dieron a los niños amuletos con los nombres de los ángeles que intentaron llevarla de regreso. Estos amuletos servían como protección contra el mal. A la luz de estos relatos, se puede concluir que Lilita estaba celosa de la feliz existencia de Adán y Eva en el paraíso. En respuesta a esta traición, ella asumió la forma de una serpiente y engañó a Eva.

La obligó a comer la fruta prohibida como una forma de venganza, lo que provocó que la pareja fuera expulsada.

La historia de Lilita es bastante conocida. Sin embargo, esta versión no está presente en la Biblia cristiana, que tanto católicos como protestantes rechazan. El mito de Lilita se encuentra en la mitología hebrea, babilónica, sumeria y asiria. La figura de Lilita en Mesopotamia fue vista como una deidad maligna. Cuando se asociaba con la luna, se la consideraba una diosa con diferentes fases y, por lo tanto, diferentes estados de ánimo. Por lo tanto, podría verse como la diosa de la fertilidad y el demonio en su dedo. Algunas teorías afirman que la ausencia de Lilita de la Biblia se creó durante los concilios que definen los libros canónicos que constituirán la Biblia tal como la conocemos hoy.

Cuando hablamos de este mito en Yazidi, creen que Lilita pudo haber tenido hijos con Adán antes de que consumara con Eva. Afirman además que después de su exilio del Jardín del Edén, Lilita tomó a sus hijos y vivió en Mesopotamia o Canaán. Mencionan además que la gente del Medio Oriente lleva la sangre de Lilita. Sin embargo, esta teología no es más que un mito que plantea la posibilidad de que si hubo otro linaje además del de Eva, existe la posibilidad de que la esposa de Caín fuera de la sangre de Lilita y no de Eva.

Teniendo en cuenta que estamos siguiendo la línea argumental, podemos concluir que no hay una respuesta correcta a esta pregunta, solo más argumentos. Cuando se trata del tema, hay mucha controversia entre los creyentes. Las muchas discusiones sobre qué creencias adherirse me llevan a creer que todos deben permanecer fieles a sus convicciones personales, independientemente de lo que otros sugieran o digan. Numerosas preguntas quedaron sin respuesta con respecto a Adán; por ejemplo, ¿por qué se necesitaron 130 años para tener un tercer hijo? Tuvo tantas hijas, según algunas leyendas. Parecería extraño que Caín se casara con su sobrina o con su hermana. De esos tres hijos, uno ha sido asesinado a una edad muy temprana, uno ha desaparecido (el propio Caín) y el tercero nace después de su matrimonio.

10

LA TIERRA DE NOD Y EL CASTIGO DE CAÍN

Se dice que Caín fue castigado por Dios por matar brutalmente a su hermano Abel. Como castigo, fue exiliado a la 'Tierra de Nod', un lugar ubicado al este del Edén, luego de cometer este acto atroz. Según la Biblia: "*Entonces Caín se alejó de la presencia de Jehová y habitó en la tierra de Nod, al oriente de Edén*" (Génesis 4:16). Todavía hay investigaciones en curso que se llevan a cabo todos los días sobre la ubicación de "la Tierra de Nod" por parte de antropólogos y académicos de todo el mundo. Según algunas fuentes, estaba situado en algún lugar de Nigeria, mientras que otros dicen que la ubicación era un lugar completamente ficticio que ni siquiera existía. Aparentemente, solo un pasaje de la Biblia hace referencia a ella.

Los eruditos que poseen un conocimiento profundo de toda la mitología de Caín y Abel, por el contrario, tienen numerosas sugerencias sobre dónde pudo haber estado ubicado el Edén. Afirman que está ubicado en la cabecera del Golfo Pérsico en ***el sur de Mesopotamia***, actualmente ***Irak***. Generalmente, puedes encontrarlo en el punto donde los ríos Tigris y

Éufrates desembocan en el mar y en Armenia.

Según Génesis 4:13-16, mientras estaba en el exilio, "*Caín dijo al Señor: 'Mi castigo es más de lo que puedo soportar. Hoy me echas de la tierra, y estaré escondido de tu presencia; Seré un vagabundo inquieto sobre la tierra, y cualquiera que me encuentre me matará. Pero el Señor le dijo: No es así; cualquiera que matare a Caín sufrirá venganza siete veces'. Entonces el Señor puso una señal en Caín para que nadie que lo encontrara lo matara. Entonces Caín salió de la presencia del Señor y habitó en la tierra de Nod, al este de Edén*".

Caín estaba destinado a vivir la vida de un extraño porque fue castigado por sus pecados después de ser sacado del jardín donde vivían Adán y Eva. Los eruditos creen que Caín se estableció en un área comúnmente conocida como el "este del Edén" después de haber sido sacado del jardín donde vivían Adán y Eva. Hay dos interpretaciones de cómo se traduce la palabra Nod en hebreo: fugitivo, exiliado o errante, y esto es por la misma razón que Dios dijo de Caín: "Fugitivo serás, y andarás errante por la tierra" (Génesis 4:12). La Biblia afirma que se suponía que Caín vagaría por el resto de su vida. Dado que ese es el caso, cualquier lugar en el que haya terminado se consideraría la Tierra de los Errantes. Porque, después de todo, estaba destinado a vagar toda su vida.

Aunque Dios lo exilió de su tierra natal, Caín decidió que pasara lo que pasara viviría fuera de la presencia de Dios. Examinemos la historia más de cerca. Si consideras cuidadosamente el castigo de Caín por convertirse en un vagabundo y fugitivo, verás que había perdido todo sentido de pertenencia e identificación con una comunidad. Las actividades descritas anteriormente hicieron que Caín viviera sin sus padres y estuviera ausente de su hermano, quien fue víctima de esas actividades. Como consecuencia de sus pecados y de los terribles rumbos que había tomado después del destierro, terminó como náufrago. En segundo lugar, se convirtió en un individuo hueco e impío que vivía en la Tierra de Nod.

Desafortunadamente, después de separarse del Señor, Caín construyó una sociedad totalmente separada de Dios. Se había vuelto impío hasta entonces. La Biblia dice que sus hijos eventualmente siguieron su camino y establecieron una civilización sin Dios (Génesis 4:16-24).

¿Fue realmente castigado Caín?

Académicos religiosos, antropólogos e investigadores han trabajado y se han centrado en este tema durante bastante tiempo desde entonces. El Señor lo exilió a la Tierra de Nod según la narración de la Biblia, y fue sentenciado a vivir allí por el resto de sus días. Tras una profunda reflexión sobre el destierro de Caín y todo el escenario, uno se da cuenta de que Caín desagradó a Dios al matar a su hermano. Ha recibido castigos, incluido el exilio y la incapacidad de cultivar alimentos. Lo único que se puede decir es que, en ese momento, recibió un nivel elevado de protección de Dios. No hay indicios de que Caín vagara por algún lugar específico de la historia después de su exilio, como se ha mencionado varias veces en la Biblia. Como resultado, se convirtió en uno de los constructores de ciudades más destacados y exitosos de su tiempo.

Los investigadores sugieren que la "marca de Caín" se entiende tradicionalmente como una marca negativa y no puede considerarse un signo feliz o positivo. La Biblia describe a Caín como un marginado, pero al examinarlo más de cerca, descubrimos que en realidad es una huella divina que lo protege de la fuerte oposición y los enemigos (Génesis 15). Es difícil decir cómo verá este punto, pero Caín ha logrado una posición social excepcional y un futuro brillante. A pesar de que no podía cultivar según sus preferencias, de alguna manera se las arregló para llevar una vida estable a pesar de su exilio. Caín no vagó sin rumbo fijo por el este del Edén, como han sugerido algunos investigadores. En cambio, logró un éxito considerable como constructor de ciudades. La evidencia muestra que Dios no cumplió la amenaza que hizo si no interpretas Su palabra más allá de las circunstancias reales. Quién sabe, tal vez sus palabras simplemente tenían la intención de intimidarlo. Todavía se están realizando miles de estudios sobre este tema tan delicado.

La Tierra de Nod

Después de algunos años de exilio, Caín se instaló en un área desolada conocida como Nod en la Biblia. Curiosamente, Nod es la palabra hebrea para deambular. Esto ocurrió durante el incidente cuando Caín asesinó a Abel, como se describe en la Biblia. El Antiguo Testamento dice que Dios exilió a Caín del Edén debido a su maldad. Debido a que Dios condenó a Caín a alejarse de sus padres y hermanos como exiliado, los eruditos creen que se debe aludir a la Tierra de Nod como un lugar donde viven los vagabundos. También es común hoy en día referirse a figuras históricas de esta manera. Por ejemplo, encontrará muchos edificios históricos interesantes en la península superior del estado de Michigan sin nombres. Los primeros exploradores que pasaron por la región habitaron pueblos con títulos como Michilimackinac y Sault Ste. También hubo pueblos con el nombre de Lancé. Las identidades de muchos de estos lugares permanecieron sin asignar hasta que fueron nombrados oficialmente. Varios años después de eso, estas áreas fueron nombradas. Son muy pocas las veces que uno escucha frases como "se instaló en el lugar que, con el tiempo, sería conocido como. . .." Sin embargo, también se pueden encontrar textos similares en la Biblia.

Antes, los lugares geográficos e históricos destacados se identificaban por los nombres que adquirían a lo largo del tiempo. No importa la antigüedad de un lugar, su nombre aún no era conocido como Nod cuando Caín regresó a la tierra después de ser exiliado. La tierra donde se asentó Caín se conoció como Nod después de que llegó a esta región y se conoció inicialmente como la Tierra del Errante; Caín se casó y tuvo hijos después de establecerse en la tierra, según una teoría popular. Los descendientes de estos pobladores pudieron ocupar las tierras que antes ocupaban sus antepasados. Queda por ver si siguieron el mismo camino que Caín y permanecieron impíos.

Alternativamente, algunos investigadores afirman que la Tierra de Nod no es un lugar real sino simbólico o figurativo. Lo consideran un lugar de imaginación que se ha utilizado para enseñarnos lecciones valiosas a lo largo de los años. Durante las andanzas de Caín, cualquier región que Caín exploró se consideraba parte de la Tierra de Nod. Por lo tanto, no se puede asignar ningún nombre apropiado a la región. Además, algunos investigadores han declarado que la Tierra bíblica de Nod representa un estado de exilio, dolor y luto. Sugieren que el lugar se llamó Nod porque Caín fue exiliado allí.

Algunas personas también han argumentado que este lugar simboliza la creciente distancia entre Dios y la humanidad. En definitiva, no se considera un estado positivo o feliz para residir. Cualquiera sea el caso, Caín fue enviado allí como castigo. La primera pareja con un hijo, Adán y Eva, vivían en Edén, donde estaban cerca de Dios. Sin embargo, su hijo deambuló hacia el este al mismo tiempo.

Josefo escribió en Antigüedades de los judíos (c. 93 d. C.) que Caín no puso fin a su maldad. Continuó caminando por el mismo camino incluso en Nod. Los investigadores afirman que estaba recurriendo a la violencia y al robo, estableciendo pesos y medidas, transformando la cultura humana de la inocencia a la astucia y el engaño, estableciendo límites de propiedad y construyendo una ciudad fortificada.

La historia está llena de diversas interpretaciones de Dios. Algunos eruditos afirman que se dice que está fuera de la presencia consciente y el rostro de Dios. Orígenes definió a Nod como la tierra del temblor y escribió que simbolizaba la condición de todos los que abandonan a Dios. Como se mencionó antes, no califica como un lugar agradable. Varios comentaristas en el mundo antiguo han etiquetado literalmente a Nod como lo opuesto a Edén (peor que la tierra del exilio para el resto de la humanidad). Según la tradición inglesa, a veces se lo describía como un desierto habitado únicamente por feroces bestias o monstruos. Ahora, es aún más aterrador. Otros interpretan a Nod como oscuro o incluso subterráneo, lejos del rostro de Dios y Su felicidad.

11

¿SOBRINA O HERMANA?

En la historia de la humanidad, la esposa de Caín siempre ha sido la mujer de la que más se habla en el mundo. Creo que se reconoce universalmente que desempeñó un papel importante en uno de los casos más famosos de la historia. Esto se conoce como el Juicio Scopes, en el que se cuestionó la credibilidad histórica de los textos bíblicos. Tennessee orquestó un acto público como el caso del diseño para crear conciencia sobre un pequeño pueblo, Dayton, como un destino turístico influyente. Después de que un profesor de secundaria se vio envuelto en la controversia por violar la Ley Butler al enseñar evolución humana en una escuela subvencionada por el gobierno, el incidente saltó a la palestra. Aunque Scopes no estaba seguro de lo que estaba haciendo, se incriminó a sí mismo por el acto de confesar, lo que permitió que el caso siguiera adelante. Allí se llevó a cabo un juicio, y en una de las audiencias, Clarence Darrow, el reputado abogado del acusado, dejó perplejo a William Jennings Bryan al preguntarle algo que ningún cristiano jamás había podido responder: ¿Alguna vez descubrió de dónde sacó Caín a su esposa?

Si bien la pregunta planteada puede parecer inofensiva a primera vista, la forma en que se presenta plantea un riesgo para todo el marco dentro del cual se ha construido el cristianismo. Desde entonces, ha habido un aumento en la controversia en torno a su existencia. Se ha hecho evidente que la controversia en torno a su identidad se ha vuelto más compleja que nunca en los últimos años. No es raro que las personas que no creen en la Biblia digan que la Biblia no brinda ninguna explicación sobre sus orígenes. Por lo tanto, se ven obligados a cuestionar si tiene la intención de representar su posición sobre el tema de manera efectiva y precisa. Disfrutan explotándola y encarcelándola para promover sus agendas egoístas. Tomando toda la Biblia como un libro de historia moderna, cualquier lector que intente entenderla como un libro de historia actual encontrará un desafío para comprender completamente sus conceptos si lo aborda de esa manera. Además del estilo y método particulares usados en la interpretación o traducción de textos antiguos, los antecedentes y la generación de la persona que realiza la interpretación o traducción también pueden influir en la traducción o interpretación.

La Biblia será confusa e insatisfactoria para los lectores si intentan usarla como texto histórico. Una razón principal por la que los eruditos religiosos no recomiendan ese método es que su resultado final puede dejar a los lectores confundidos. Según la narración bíblica, hay lagunas en la historia. Las mentes humanas son demasiado curiosas para no notar estas brechas mientras viven de la misma manera que lo hacen hoy. Habiéndome dado cuenta de esta brecha persistente, decidí seguir adelante con el esfuerzo porque quería dejar las cosas claras con respecto a la esposa de Caín y su existencia.

Los que creen en la fe cristiana en su mayoría creen que la esposa de Caín es su hermana o sobrina. Se puede argumentar con respecto a la creencia de que Adán y Eva fueron los primeros humanos en existir. También se pueden sacar conclusiones sobre las consecuencias de estos errores. A la luz de esto, ¿ha escuchado algo que indique que esta creencia podría ser uno de los factores subyacentes en la confusión que rodea su existencia? En el próximo capítulo trataremos este tema con más detalle. Sin embargo, antes de hacerlo, permítanos examinar la razón por la que algunas personas creen que la esposa de Caín era su sobrina. Aquellos que afirman que la esposa de Caín es su sobrina afirman que si bien Caín y Abel se mencionan en la Biblia, no necesariamente significan que fueron los únicos hijos que Adán y Eva tuvieron durante ese tiempo. Sin embargo, se ha sugerido que pudo haber otros hijos que tenían esposas e hijas. Esto explicaría a la esposa de Caín como su sobrina, lo que explicaría su relación con Caín.

Otra evidencia que respalda estas afirmaciones es la ausencia de mención en la Biblia de las edades de Caín y Abel; en el momento del asesinato de Abel. No se puede establecer el momento exacto de su asesinato porque no hay suficiente información en el expediente. En consecuencia, se permite que permanezca la especulación en cuanto a su tiempo y ubicación exacta. Para calificar como sobrina de Caín, los dos hermanos deben ser mayores y tener hijos antes de que la esposa de Caín pueda ser considerada su sobrina. Para explicar que la esposa de Caín sea su sobrina, debemos suponer que Abel tuvo hijos. A la hija de Abel hay que preguntarle por qué se casaría con el asesino de su padre. ¿Cómo se podría demostrar además que Abel está casado y tiene un hijo mientras que Caín, que es mayor que él y competidor, no tiene un hijo?

Y engendró a Set, los días de Adán ciento treinta; y engendró hijos e hijas. Así que, todos los días que vivió Adán fueron novecientos treinta años; y él murió

— Génesis 5:3,4

Se puede ver en el versículo que Adán tenía ciento treinta años cuando dio a luz a Set, que es lo que está escrito en este versículo. Dado que la Biblia menciona claramente a Set como el tercer hijo de Adán, y dado que la interpretación de Caín de su esposa como su sobrina no ha cambiado el hecho de que Set es el tercer hijo de Adán, es razonable suponer que Set es el tercer hijo de Adán si ignoramos la interpretación de Caín. . Aunque Caín nació antes que Set, quiero que recuerdes que Set no nació antes que Caín. El lector debe comprender que, a lo largo de los siglos, la Biblia ha sido traducida e interpretada por numerosas personas. Por lo tanto, el lector debe ser consciente de ese hecho. En los narradores judíos, es una práctica común dar nombres a los personajes femeninos dentro del texto. Sin embargo, esta práctica es menos común entre los traductores cristianos que la usan para introducir nuevos nombres de personajes. Por lo tanto, podemos concluir de la interpretación hebrea de Génesis que enfatiza la importancia de las identidades de las hijas de Adán y Eva de la misma manera que enfatiza la importancia de los nombres de sus hijos a lo largo de la historia.

La afirmación de Sobrina se basa en esos dos puntos y se aventura más allá en una tangente que intenta explicar cómo se documentan los primeros relatos de Génesis en su contexto histórico. Hay más de una versión de la historia de Adán y Eva en la Biblia, y los detalles de esos eventos difieren ligeramente. En cuanto al hecho de que hay más de una versión de la Biblia, también estaría de acuerdo con su declaración. El autor de Jubileos, una publicación judía que pudo haber sido impresa en el siglo II, se refirió a Awan como la hija de Eva. Otro escritor antiguo del primer siglo también menciona a Noaba como una de las hijas de Eva. En la era común, las interpretaciones judías y cristianas del Antiguo Testamento se volvieron cada vez más complejas. Hace mucho tiempo, especialmente durante el siglo XII, muchas personas creían que Eva era hija de Adán y, por lo tanto, hermafrodita. Estoy convencido de que hay algo de verdad en muchas de las afirmaciones registradas en varios textos bíblicos.

Ya se ha explicado en los capítulos anteriores de este libro por qué la esposa de Caín no podía ser su sobrina. La famosa narración de Génesis contiene inconsistencias probablemente relacionadas con cómo Dios creó todo dos veces en el libro de Génesis. Con toda probabilidad, aquellos que no toman la historia de la creación literalmente no tendrán ningún problema en aceptar las inconsistencias en la trama. Es evidente a partir de un examen más detenido que las dos historias se han escrito de manera diferente y, por lo tanto, pueden haber sido escritas por dos autores diferentes. Un libro titulado Bible Odyssey va tan lejos como para explicar que dos piezas distintas de literatura son tan diferentes que es casi imposible determinar si provienen del mismo período o siglo. El lector se enfrentará a muchas dificultades para aceptar esto si cree que la narración de Génesis es una narración continúa escrita por Moisés.

Las narraciones y teorías relacionadas con el origen de la esposa de Caín se basan en pruebas sólidas, contrarias a las afirmaciones de que la mujer era su sobrina. La evidencia indica que Caín estuvo involucrado en la muerte de Abel. Ahora me pregunto si Seth hubiera nacido casi cien años después que su sobrina, ¿de dónde habría venido ella? Según el texto bíblico, Adán solo tuvo tres hijos al comienzo de su vida. Por lo tanto, es claro que la teoría sobre "otros niños" no proporciona ningún apoyo adicional.

Y Caín conoció a su esposa, y ella concibió y dio a luz a Enoc. Y edificó una ciudad y llamó el nombre de la ciudad del nombre de su hijo

—Génesis 4:17

Un estudiante de la Biblia y los lectores casuales deben ser conscientes de que no todas las palabras mencionadas en la Biblia deben tomarse literalmente. Por ejemplo, si el texto dice que Caín conoció a su esposa, no necesariamente implica que la conoció antes; la palabra en sí podría tener varias interpretaciones. También podría significar que llegó a conocerla en la tierra de Nod cuando estaba en el exilio. Esta fue la única vez que la Biblia menciona a la esposa de Caín sin su nombre.

Finalmente, debemos reconocer que Caín solo tenía un hermano, Abel, en ese momento, lo que significaba que su esposa no podía ser su sobrina. Set entró en escena mucho más tarde en el proceso, y su hija no era capaz de convertirse en la esposa de Caín. Cuando se trata de que la esposa de Caín sea su hermana, ya sabemos que se vio obligado a exiliarse después de matar a su hermano.

Entonces Caín le dijo a su hermano Abel: "Salgamos al campo". [d] Mientras estaban en el campo, Caín atacó a su hermano Abel y lo mató.

—Génesis 4:8

Caín fue enviado al exilio como castigo, aunque temía el desierto y lo desconocido.

"Entonces, Caín salió de la presencia del SEÑOR y habitó en la tierra de Nod, al este de Edén".

—Génesis 4:16

El relato de Caín, como se mencionó anteriormente, también explica por qué Caín no pudo comunicarse con sus hermanas y, por lo tanto, por qué Caín no pudo casarse con una de ellas. Queda la pregunta de ¿con quién se casó Caín? Parece que pudo haber existido gente en la Tierra antes de Adán. Si es así, ¿está esto en conflicto con las creencias religiosas del cristianismo de que Adán fue el primer hombre y Eva fue la madre de todas las criaturas vivientes? Existe la posibilidad de que la explicación de esto sea la historia que se cuenta en la segunda versión. Esto podría deberse a que el estilo de escritura utilizado en la primera versión difiere del de la segunda versión. Quedará claro en el próximo volumen de este libro que la esposa de Caín no era ni su hermana ni su pariente. Obtendremos pruebas sólidas que prueben este hallazgo más allá de cualquier duda razonable.

12

BIBLIOGRAPHY

Baker, S. (2020, September 30). *Cain and Abel - Bible Story*. Retrieved from Bible Study Tools: https://www.biblestudytools.com/bible-stories/cain-and-abel.html

Benjamin, K. (2022, April 23). *THE UNTOLD TRUTH OF ADAM AND EVE*. Retrieved from Grunge: https://www.grunge.com/147848/the-untold-truth-of-adam-and-eve/

Benner, J. A. (n.d.). *The Untold Story of Cain and Abel | AHRC*. Retrieved from

Ancient - Hebrew: https://www.ancient-hebrew.org/studies-interpretation/untold-story-of-cain-and-abel.htm

Daniel, D. T. (2018, July 7). *Cain in the Land of Nod*. Retrieved from Progressive Christianity: https://progressivechristianity.org/resources/cain-in-the-land-of-nod%E2%80%A8/

Genesis 4:1-26! The story of Cain and his heinous sin; yet, God remembered and. (n.d.). Retrieved from https://www.parkstreet.org/sites/default/files/papers/gen._4_print.pdf

Grigg, R. (2002, September). *Pre-Adamic man: were there human beings on Earth before Adam?* Retrieved 2002, from Creation: https://creation.com/pre-adamic-man

-were-there-human-beings-on-earth-before-adam

HAGERTY, B. B. (2011, August 09). *Evangelicals Question The Existence Of Adam And Eve*. Retrieved from NPR: https://www.npr.org/2011/08/09/138957812/evangelicals-question-the-existence-of-adam-and-eve

Hendel, R. (n.d.). *First Murder*. Retrieved from Bible Odyssey: https://www.bibleodyssey.org/en/passages/main-articles/first-murder

Knapton, S. (2015, May 27). *Was This The World's First Murder Victim?* Retrieved from Telegraph: https://www.telegraph.co.uk/news/earth/environment/archaeology/11633455/Was-this-the-worlds-first-murder-victim.html

Lacey, T. (2020, June 26). *Cain and Abel.* Retrieved from Answers In Genesis: https://answersingenesis.org/bible-characters/cain-and-abel/

Leith, M. J. (2013, December). *Biblical Views: Who Did Cain Marry?* Retrieved from Bas Library: https://www.baslibrary.org/biblical-archaeology-review/39/6/8

Ministry, V. B. (2010, January 02). *How did Cain and Abel know to sacrifice?* Retrieved from Verse By Verse Ministry: https://www.versebyverseministry.org/bible-answers/how-did-cain-and-ale-know-to-sacrifice

Project, T. (n.d.). *The First Murder (Genesis 4:1-25).* Retrieved from Theology of Work: https://www.theologyofwork.org/old-t

estament/genesis-1-11-and-work/people-work-in-a-fallen-creation-genesis-4-8/the-first-murder-genesis-41-25

Questions, G. (2022, January 04). *Why did God accept Abel's offering but reject Cain's offering?* Retrieved from Got Questions : https://www.gotquestions.org/Cain-and-Abel.html

Stewart, D. (n.d.). *Why Did God Reject Cain's Sacrifice?* Retrieved from Blue Letter Bible: https://www.blueletterbible.org/faq/don_stewart/don_stewart_714.cfm

Wikipedia. (2001, 10 16). *Adam and Eve*. Retrieved from Wikipedia: https://en.wikipedia.org/wiki/Adam_and_Eve

Wikipedia. (2003, March 06). *Cain and Abel*. Retrieved from Wikipedia:

https://en.wikipedia.org/wiki/Cain_and_Abel

Woman, D. (n.d.). *Adam, Eve, Cain, Abel, etc – What do their names mean?* Retrieved from The Diligent Woman: https://www.thediligentwoman.com/what-do-names-mean-adam/

Writer, S. (2014, January 02). *Where in the Scriptures does it say that God told Cain and Abel to bring a blood sacrifice?* Retrieved from Good Seed: https://www.goodseed.com/blog/2014/01/02/where-in-the-scriptures-does-it-say-that-god-told-cain-and-abel-to-bring-a-blood-sacrifice/

www.ingramcontent.com/pod-product-compliance
Lightning Source LLC
Chambersburg PA
CBHW070758160726
48004CB00001B/243

* 9 7 9 8 8 8 8 3 1 6 4 6 7 *